SOTIRIOS A. BARBER
JAMES E. FLEMING

CONSTITUTIONAL
INTERPRETATION
THE BASIC QUESTIONS

宪法解释的基本问题

［美］索蒂里奥斯·巴伯
［美］詹姆斯·弗莱明 — 著
徐 爽　宦盛奎 — 译

著作权合同登记号　图字:01-2014-1004

宪法解释的基本问题/(美)巴伯,(美)弗莱明著;徐爽,宦盛奎译.—北京:北京大学出版社,2016.6
ISBN 978-7-301-27126-1

Ⅰ.①宪…　Ⅱ.①巴…②弗…③徐…④宦…　Ⅲ.①宪法—法律解释—研究　Ⅳ.①D911.05

中国版本图书馆 CIP 数据核字(2016)第 100153 号

Copyright © 2007 by Oxford University Press, Inc.
"Constitutional Interpretation: The Basic Questions, First Edition" was originally published in English in 2007. This translation is published by arrangement with Oxford University Press.
ALL RIGHTS RESERVED.

书　　　名	宪法解释的基本问题 XIANFA JIESHI DE JIBEN WENTI
著作责任者	〔美〕索蒂里奥斯·巴伯　〔美〕詹姆斯·弗莱明　著 徐　爽　宦盛奎　译
责任编辑	柯　恒
标准书号	ISBN 978-7-301-27126-1
出版发行	北京大学出版社
地　　　址	北京市海淀区成府路 205 号　100871
网　　　址	http://www.pup.cn http://www.yandayuanzhao.com
电子信箱	yandayuanzhao@163.com
新浪微博	@北京大学出版社　@北大出版社燕大元照法律图书
电　　　话	邮购部 62752015　发行部 62750672　编辑部 62117788
印　刷　者	北京中科印刷有限公司
经　销　者	新华书店
	880 毫米×1230 毫米　A5　8.75 印张　170 千字 2016 年 6 月第 1 版　2016 年 6 月第 1 次印刷
定　　　价	45.00 元

未经许可,不得以任何方式复制或抄袭本书之部分或全部内容。
版权所有,侵权必究
举报电话:010-62752024　电子信箱:fd@pup.pku.edu.cn
图书如有印装质量问题,请与出版部联系,电话:010-62756370

"但凡我们的先父早有预见或者本该预见到的话,他们会预见到现代社会的状况,而这一切也一定会被各种文献资料加以神圣化,就像约瑟为法老释梦一样。"

罗伯特·杰克逊大法官,
"杨斯顿钢铁公司总统许可权案"(一致意见,1952年)

"宪法如果不与道德理论相结合,就不可能取得实质性进步。"

罗纳德·德沃金,

《认真对待权利》(1977 年)

目录 | Contents

译者絮语   **1**
前　言   **1**

上　篇

第一章
　宪法解释的前提   **3**

第二章
　宪法解释的首要问题   **16**

第三章
　美国宪法秩序的主要特征:《联邦党人文集》中的积极宪制主义   **46**

下　篇

第四章
　宪法解释的方法   **77**

第五章
　文本主义和共识主义   **86**

第六章
　严格原旨主义/意图主义　　　　　**104**

第七章
　宽泛原旨主义　　　　　　　　　　**135**

第八章
　结构论　　　　　　　　　　　　　**161**

第九章
　原则论与最低限度主义　　　　　　**184**

第十章
　哲学进路　　　　　　　　　　　　**213**

第十一章
　实用主义　　　　　　　　　　　　**235**

结　语
　宪法解释方法的合流　　　　　　　**259**

译者絮语

在美国，有宪法即有宪法解释，有宪法解释即有关于宪法解释方法的思考。"宪法是什么？""谁来解释宪法？""如何解释宪法？"围绕着这一系列基本问题而展开的宪法解释方法讨论，无论对于政治部门还是对于宪法学界而言，都因其独特的重要性，发展成为由众多哲学家、政治科学家、法学者、法官、律师共同致力的一项"事业"（enterprise）。在宪法解释的司法实践与理论研讨中，不断涌现出众多解释方法及理论，比如原旨主义/原意主义、文本主义、共识主义、结构论、原则论、最低限度主义以及实用主义，等等。这些解释方法以不同的哲学基础、价值前提、政治立场为依托，从不同角度切入宪法，皆称自身最能揭示宪法之"原旨"及本意。并且，尽管这些解释方法都自命为通往宪法含义的最佳路径，但诸种方法往往彼此交叠，界限模糊，常令初学者甚至长年研究者莫衷一是，难辨底里。

国内现已引进多种宪法名家的解释方法理论著作，尤以原旨主义、"活的宪法"等最具代表性、最有影响力的观点为盛，但全局性地梳理、总结各家解释方法及理论的著作却鲜有所见。这当然是因为美国国内这方面的著作本就稀少，成一家之言已难，遑论通各家之所成！直接面对宪法解释方法中的基本问题，不仅需要"雄心"，也需要"技术"；而能同时担当两者之任者,又未必有机会做这样的工作。基于此,我们很乐于把这本盘点美国宪法解释方法的专著介绍给大家。该书全面、客观、平实、简洁地介绍了当代宪法解释方法中的首要问题以及主要流派,并逐一加以比较、评价,使读者能够对美国宪法解释方法的理论及实践问题有一个总体性认识及把握。

不仅如此,本书并非仅仅是有关宪法解释方法及理论的初步介绍,作为长年研究宪法问题的学者,作者同样也有自己看待宪法的方式和观点。他们提出:本书所列的所有解释方法都应具有一个"哲学之维",或者说,所有这些解释方法都不能"摆脱哲学思考的担当与责任",须得考虑宪法作为设计政府框架的法律文件所追求的公共之"善"。受到德沃金"道德解读"论(a moral reading)的启发,作者选取了一个更为宽泛的术语——"哲学进路"(philosophic approach)——来概括这一立场。作者认为,任何一种可信的宪法解释路径都绕不开哲学反思及筛选;唯有像德沃金倡导的那样,解释者一本自我批判的精神,结合前述多种方法,通过"哲学进路"方能获致宪法的"真义"(the truth)与最佳理解。作者主张对当前彼此竞争的各种解释方法的融合,并非一种简单妥协,而恰恰体现了在宪法信仰的支撑下对于多种方法的驾驭和整合能力,以及始终保持的审慎态度。始终要记住:我们的目的在于忠诚理解宪法,方法只是工具。要摆渡到宪法本意之彼岸,不能受限于某一单一的方法。只有借助多种方法之"苇",方可抵达宪法原意。

本书适合于学院机构和司法部门中宪法研究的"专业读者",也兼顾任何想对宪法作出各自理解的"普通读者"。虽然两位作者在一开篇就申明"不遗余力地避免技术话语",但作者坚持的"哲学进路"和叙事风格难免会使翻译和阅读有些艰深难缠。译文可能出现的错瑕,当由译者负责。两位译者的具体分工如下:前言、第一章、第二章、第四章、第五章、第六章、第七章、结语,徐爽;第三章、第八章、第九章、第十章、第十一章,宦盛奎。

徐 爽

丙申春末于蓟门桥

前 言

宪法讨论在美国已持续了两个多世纪,关注点集中于以下几个宽泛且相互关联的问题:如何配置政府机构和权力?这样的制度安排最终目的何在?宪法的概括含义是什么?在特定争议问题上的具体含义又是什么?如何确定宪法含义?谁有权决定它的含义?本书聚焦于倒数第二个问题:如何确定宪法的含义?或者说哪种宪法解释的方法是最好的?我们将逐一梳理对这一问题的种种答案,并且认为"哲学进路"是所有方法中最好或最合理的一种。

我们所称的"哲学进路"实际上接近于罗纳德·德沃金所说的宪法的"道德解读"。[1]我们采纳并将进一步论证德沃金在1970年代早期提出的命题——他提出:对于(作为成文宪法的)美国宪法的忠诚,要求法官及其他解释者在解释宪法时必须一本自我批判的精神,以实现我们对宪法所作的承诺,最大限度地阐明宪法本义。尽管"哲学进路"和"道德解读"这两个术语总体上看起来都差不多,但我们还是更倾向于使用"哲学进路"一词。因为我们认为对于宪法文本的忠诚不光需要德沃金所称的著名的"宪法与道德理论的结合",而且还依赖于整个社会科学的发展[2];此外,我们还认为,要在宪法解释过程中自始至终忠于宪法,要求我们特别注意权力架构及政府目的,而这一点正是为德沃金所忽视的,他的绝大部分注意力都放在以权利制约政府这一问题上了。

美国人讨论该如何解释宪法,已有悠久的历史。就在宪法于 1789 年通过后不久,"严格"建构主义("strict" constructionism)和"自由"建构主义("liberal" constructionism)的分化就产生了,这种局面一直持续到 20 世纪 70 年代。这一历史特征深深地嵌入了其他各类两分法中,比如"解释主义 vs. 非解释主义"以及"原旨主义 vs. 非原旨主义"。与此同时,哲学与法理学的长足进步影响且将继续影响宪法讨论。被如此宽泛的种种影响所塑造,关于宪法解释方法的讨论如今已演变为一个艰深晦涩、盘根错节的事件。本书的目的,力图兼顾宪法理论的专业读者与成熟的普通读者来阐明这一复杂讨论中涉及的实践中的关键问题。

这里讲的"成熟的普通读者",指的是那些对美国宪法史上的里程碑事件,包括联邦最高法院的地标性判决有所了解的读者。尽管我们把焦点放在宪法文件而非司法评注上,但还是会大量引用后者来阐明对于前者的看法。我们表达自身立场,也吁请读者参与,因为,讨论一旦扩展开来,势必诉诸读者在日常生活中的道德与非道德直觉。我们力图避免任何权威做派,无论学术的抑或政治的。为实现这样的雄心,我们不遗余力地避免技术话语,或者如果因避免技术话语而使本书无法读懂的话,我们就解释专业术语。

我们遭遇的最大挑战,来自于如何始终聚焦而不偏离寻求宪法含义的最佳路径这一问题。持续锁定单一问题,其实很难做到。至于理由,我们和沃特·墨菲及斯蒂芬·马切多在案例选编《美国宪法解释:如何解释宪法》(*American Constitutional Interpretation: the question of how to interpret the constitution*)一书中已经有过充分讨论。也就是说,"**如何解释宪法**"这一问题不可避免地与"宪法是**什么**"以及"**谁有权解释它**"等问题纠缠在一起。[3]"谁有权解释宪法"这一问题(the question of who)对数世纪以来的宪法评论产生了深刻影响。理由在这里已无需赘述,对大多数美国人来说,历史早已解决了这一问题。除了极少数例外,绝大多数美国人都认为联邦最高法院理应享有近乎垄断性的宪法解释权。反对这种垄断权的,既有这个国家最优秀的政治家,也有部分声名狼藉的政客。先行者的名字中包括亚伯拉罕·林肯和富兰克林·罗斯福。耶鲁法学院的亚历山大·比克尔(Alexander Bickel)教授是20世纪宪法理论界最有影响力的学者,他给政治家难以命名的法院垄断宪法解释的难题贴上了"反多数难题"(the counter-majoritarian difficulty)的标签。[4]简单地说,这一所谓难题即是:司法审查有权宣布立法和行政行为因为违宪而无效,也即否决了多数人的意志,换言之,这一机制是反民主的。想要避免或者化解此难题的决心(包括反对司法判决的实质性因素)激发出了本书所论及的大部分宪法解释方法。然而,在"宪法的含义是什么"与"谁有权决定宪法的含义"这两者之间,并没有必然联系。如果说两者有联系的话,除非你假定:宪法的含义,就是联邦最高法院说的那样;除了联邦最高法院对它的解释,宪法什么也不是——这就像查尔斯·休斯(Charles Evans Hughes)在成为首席大法官之前说过的那句经常被引用的话,"我们都在宪法之下,但是宪法是什么,只能法官说了算"。[5]但是,没有人认真掂量过这句话,因为,正如休斯的批评者长期以来观察到的那样,在你断言宪法的含义就是联邦最高法院的解释之前,你必须要对联邦最高法院的组成和职权有一个清醒的认识;而这一清醒认识除了来自于宪法本身,不可能还有另外的地方。

基于本书的目的,我们不得不停止讨论谁有权解释宪法这一问题。我们写的这本书不是用来回答所谓反多数难题的。我们在进行论证和得出结论的过程中,会频繁谈及联邦最高法院;然而,这些论证和观点适用于任何解释者,包括立法机构、行政当局以及希望能够对宪法作出各自解读的普通公民。尽管我们在以前的论著中,已经单独讨论过反对任何形式的司法垄断(judicial monopoly)[6],但我们还是想把"谁有权解释宪法"(the who question)这一问题放进制度设计、实体性民主理论,以及——最终的——政治人类学(如果你承认这一问题实际上是一个深层次的政治文化问题)领域中。

而"宪法是什么"(the what question)——或者说作为一个整体的宪法,其含义是什么——这一问题在本书中则将享受不同的待遇。我们将在第二章讨论,宪法是一部由特定的历史观念结晶的法典,还是一部抽象的道德概念构成的宪章?这一问题正是"如何解释宪法"的关键。我们将在第三章中继续深化这一讨论,指出那些认为宪法被制定出来主要是用于限制政府权力的消极宪制主义者(negative constitutionalist),对于宪法的解释不同于积极宪制主义者(positive constitutionalist),积极宪制主义者始终坚持宪法的重要目的在于赋予政府权力(尽管依然尊重公民的基本权利)。这些命题涉及宪法的规范特性,它们对于寻求宪法最佳解释方法具有至关重要的意义,我们将在后文中特别加以讨论。

诚挚地感谢沃特·墨菲(Walter Murphy)和斯蒂芬·马切多(Stephen Macedo),我们的同事和好友。他们审读了本书初稿,并给出了很多评论。马克·布兰登(Mark Brandon)、罗纳德·卡恩(Ronald Kahn)、桑福德·莱文森(Sanford Levinson)、琳达·麦克莱恩(Linda McClain)、劳伦斯·索勒姆(Lawrence Solum),还有福德汉姆大学法学院的博士候选人史黛丝·丹尼尔(Stacey Daniel)和劳伦·考恩(Lauren Cowan)也为本书提出了很多有益的建议。如果我们能听取前述所有人士的忠告,本书无疑会成为一部更加优秀的杰作。

索蒂里奥斯·A.巴伯
詹姆斯·E.弗莱明

---

[1] Ronald Dworkin, *Freedom's Law: The Moral Reading of the American Constitution* (Cambridge, MA: Harvard University Press, 1996).

[2] Ronald Dworkin, *Taking Rights Seriously* (Cambridge, MA: Harvard University Press,1977): 149.

[3] Walter F. Murphy, James E. Fleming, Sotirios A. Barber, and Stephen Macedo, *American Constitutional Interpretation*, 3rd ed. (New York: Foundation Press, 2003): 14-21.

[4] Alexander M. Bickel, *The Least Dangerous Branch* (Indianapolis, IN: Bobbs-Merrill, 1962): 16-18.

[5] Charles Evans Hughes, *Addresses* (New York: G. P. Putnam & Sons, 1908): 139.

[6] 参见 Sotirios A. Barber, *On What the Constitution Means* (Baltimore: Johns Hopkins University Press, 1984): 157-58, 196-99; Sotirios A. Barber and James E. Fleming, "The Canon and the Constitution Outside the Courts," *Constitutional Commentary 17* (2000): 267; James E. Fleming, "The Constitution Outside the Courts," *Cornell Law Review* 86(2000): 215; James E. Fleming, "Judicial Review Without Judicial Supremacy: Taking the Constitution Seriously Outside the Courts," *Fordham Law Review* 73 (2005): 1377。

上 篇

第一章
宪法解释的前提

当美国律师、法官、政治家以及普通公民谈到"宪法"时,他们通常指的是构成联邦最高法院所说的美国"宪法"的那些法律命题的庞大集合。比如其中一个命题,第十四修正案的平等保护条款禁止州政府在公立学校进行种族隔离。[1]又如另一个,宪法第一条第八款中的商业条款授权国会制定劳工(包括州和联邦政府雇员)的最大工时和最低工资标准。[2]从某种意义上讲,当前联邦最高法院认定每一命题都是真的,由此,这些命题在现在也都是有效的。但这种情况也并非永远如此,因为联邦最高法院在具体个案中的宪法解释往往会与它先前所作的解释不同。[3]无论在法学院还是任何文科项目中,"宪法学"课程通常并不是讲授**宪法**本身应该是什么,或者直接告诉美国人民宪法是什么的课程,它毋宁是**联邦最高法院**在长达两个多世纪以来的司法审判中关于宪法含义的相互竞争的不同观点的课程。大多数教授"宪法"的课程因此变成了某种历史课,也就是联邦最高法院如何解释宪法的课程。重视联邦最高法院和它的历史,几乎不需要我们再来论证其合法性。因为,毫无疑问,联邦最高法院对于美国人的生活产生了这么多的显著影响,自不必说**布朗诉教育委员会案**(Brown v. Board of Education,

1954)⁴,联邦最高法院认定在公立学校实行种族隔离违反了平等保护;到**罗伊诉韦德案**(Roe v. Wade,1973)⁵承认妇女有权决定是否终止怀孕;以及**布什诉戈尔案**(Bush v. Gore,2000)⁶决定总统竞选的终局结果。联邦最高法院如何走到今天的这段历史,已经清晰地指示出它明天将走向何处。在美国,宪法的含义必须依赖法院来宣布的事实已经被牢固地确立下来,以至短时间内很难改变——尽管很多批评司法至上的人一直叫着要在宪法解释中"把宪法从法院拿走",或者呼吁把宪法解释权交还给"人民自己"。⁷

然而,宪法一定还有比联邦最高法院已经解释或者打算解释的更多的含义。就算查尔斯·休斯说过那句名言,"我们都在宪法之下,但是宪法是什么,只能法官说了算"⁸,也假定了宪法具有独立于法官所作解释以外的含义,因为我们首先得独立地理解了宪法,才能辨识出休斯说的"法官"是哪些人。"一定还有更多"这种观点来自于某种固执的观念或直觉,这种观念或直觉认为:联邦最高法院说了些什么的历史是一个与只能通过正式的修正案改变宪法有所不同的解释宪法文件的过程。美国人之所以能形成这样的观念或直觉,主要来自以下两种我们都很熟悉而又密切关联的"国家经验":(1)联邦最高法院的大法官们经常宣布,不管他们的解释可能引发多少争议,这些解释都是**忠于**宪法的;(2)那些不同意观点(1)的人都是错的,也就是说,在关于宪法这一点上是**错**的。这两条密切关联的声明预设了宪法含义不取决于任何个人对宪法所作的特别解释。

换一个说法,关于忠实和错误的声明预设了宪法意味着它本身或者有关它本身的某种东西。拒绝承认这些假设的人没有理由说任何人(包括法院在内)曾经或者可以对宪法含义作出判断。

  宪法是否意味着它本身或者有关它本身的某种东西,这在哲学家、政治科学家、法学学者和法律家中始终是一个存在众多分歧的问题。对此,本书的两位作者谁都无法给出一个具有智识确定性的答案,而我们两个人目前也各自倾向于不同的看法。由此,我们的目标主要是描述性的和分析性的。我们想要提醒读者一个不可否认的事实,那就是:美国律师、法官、政治家和普通公民谈论起宪法和联邦最高法院时,总觉得联邦最高法院把宪法弄错了;而这么一来,他们就假定宪法具有独立于法院或者其他解释者所称的含义。我们相信:无论这种独特的假设最后是否具有合理性,都是那些持有政治观点的美国人形成的政治共识中不可或缺的一部分。在本书中,我们将会探讨由"宪法就是它本身或者有关它本身的某种东西"这一假设产生出的基本问题。这些问题包括:

  1. 宪法文本中的词语和短语(比如"平等保护"以及"经济")指的是什么;

  2. 宪法作为一个整体,其性质是什么(契约?特定历史规则的法典?抽象道德原则的宪章?),换言之,宪法到底是**什么?**[9]

  3. 发现宪法含义的最合理途径有哪些或者是什么(宪

法应该**如何被解释**?);

4. 谁(如果有的话)享有关于宪法含义的最终话语权(**谁有权解释宪法**?);

5. 宪法解释区别于立法或修宪的种种规定性有哪些。

我们把上述问题称为**解释性问题**(interpretive questions),以区别于宪法的**实体性问题**(substantive questions)。对于实体性问题的回答,目的在于告诉我们,死刑是否是违反了第八修正案禁止残酷和非常惩罚的惩罚措施[10],决定堕胎和建立同性婚姻关系的权利是否受第五和第十四条修正案正当程序条款的保护[11],美国童子军(作为"私人"组织)是否享有宪法权利拒绝接纳同性恋者和无神论者,等等。[12]而对解释性问题的回答则是为了告诉我们宪法**是什么样**的事物,**怎样**才能最忠实地找到宪法的含义,**谁**享有解释宪法的终极话语权。宪法含义的实体性议题事关宪法的底线问题,它们是最能引起律师和公众关注的问题。而解释性议题尽管有其吸引人之处,但对于我们大多数人来说,只有在我们越来越深入地理解了法律底线问题的真实含义后,它们才会成为亟待解决的问题。

要想明白什么是解释性问题,你得去看一看两个多世纪以来联邦最高法院审过的那些疑难案件。声名远扬的案例,比如**马卡洛诉马里兰州案**(Mcculloch v. Maryland,1819),涉及的法律问题是国会是否可以不顾州的反对,在各州内建立国家银行的分支。[13]这个问题演变为宪法的性质是什么(一个抽象的宪章还是具体的法典),以及在宪法第一条第八款中国会的代表权究竟应做宽泛地还是严格地解释。臭名昭著的案例,比如**德雷德·斯科特诉桑福德案**(Dred Scott v. Sandford,1857)[14],涉及的法律问题有非裔美国人是否有权请求联邦法院来决定其不再为奴的合法身份。问题后来演变为如何确定制宪者意图在宪法解释中的角色,如何发现制宪者的意图,以及应当具体地还是抽象地来"复原"制宪者的意图。对于审判**斯科特案**的法庭而言,首席大法官罗格·坦尼(Roger B. Taney)找到了国家原则(也就是在《独立宣言》中所载的"所有人生而平等")在特定历史实践中的含义,以及存在于建国时期的种种偏见,然而,即使是坦尼的批评者,比如亚伯拉罕·林肯,也坚持认为:《独立宣言》中所称的"所有人"指的是**"所有男人"**,这就是一种抽象的道德原则。

再提一提最近的案子。在**劳伦斯诉得克萨斯州案**(Lawrence v. Texas,2003)[15]中的法律问题。是州是否有权将成人间相互同意的同性性行为定为犯罪。对这个问题的回答也涉及解释性问题,比如十四修正案中"自由"的含义应该由关于自由的本质加以合理推定,还是继续沿用1868年修正案批准时,州法"传统上或历史上确立下的"自由的含义。持异议的一方希望能将美国法和欧洲法支持同性恋权利的这一新发展趋势从"传统"概念中清除出去;而另一方(多数派)则提出"传统"这一概念本身也包括"最新的传统"。这使得读者忍不住要问:"传统"的本质和规范效力到底存在于具体的历史经验还是抽象的道德原则中?在**德西尼诉温**

尼贝戈县社会服务部门案(DeShaney v. Winnebago Country Department of Social Service, 1989)[16]中,法律问题在于,一个为保护儿童免遭家庭暴力而设立的州行政机构,是否有宪法上规定的保护儿童免遭有暴力倾向的父母确定可预见伤害的司法救济义务。这个问题涉及如何认识宪法作为一个整体的本质:多数意见认为宪法被制定出来是为了保护个人免遭政府的侵犯,而非为了防范私人之间的伤害;然而,异议一方则提出州有义务保护儿童,一方面因为儿童无法保护自身,另一方面也因为州儿童福利体系鼓励威斯康星州积极扩展州反儿童暴力的范围。再举个例子,**布朗诉教育委员会案**中的法律问题是,第十四修正案中的平等保护条款是否允许州在公立学校实行种族隔离。而这个案件很大程度上演变为宪法含义能否被在过去特定社会背景下形成的宪法解释所决定。

当我们说在诸如此类高度争议的案件中,法律问题最终**变成**了解释性问题,或许有读者会立即向我们表明,正是联邦最高法院法官们的解释理论驱使他们这样决定法律问题。换言之,读者们可能想说服我们,如果法官大人对于宪法是什么持有不同的观点,或者认为宪法含义并非是由过去社会背景中先例判决所决定的,那么,**德西尼案**或者**布朗案**可能会得出完全不同的判决结果。如果我们这样说,那么有些人可能会说我们错了,因为法官判案很大程度上基于他们个人的政治偏好,而非建立在他们对诸如宪法本质、宪法解释的最佳路径等抽象哲学问题的答案之上。这些观察者会说,法官用宽泛的"司法哲学"及"宪法含义"等术语按部就班地论证判决意见的过程,其实就是一个"合理化"的过程,一种对建立在个人政治立场之上的判决意见进行事后包装的做法。

没什么不敢承认的,这种揶揄法官持有先入为主看法的说辞,很可能反映了部分真实情况。事实上,只要有人开出这样一份案例清单,我们私下里通常都会承认这是真的。而我们集中反对的,只是这种说辞在任何时间、任何情况下都是真的。因为,如果法官真的是这样的,也就是说,如果法官真的无法克服他们自以为是的党派偏好,那么,类似情形又何尝不会发生在揶揄他们的那些学院作者身上?!如果法官基于某些理由,不能诚实地关注证据和论证形成的"链条"所显示的宪法的性质(即宪法是什么)以及宪法的含义(宪法应当怎么解释以及宪法中的用词和术语指的是什么),那么我们也很难预期学者们会诚实地关注证据和论证形成的"链条"所显示的司法判决的性质。如果连法官都只能采取对自我有利的方式来决定那些高度争议的法律问题,那么,科学家和学者们还能采取任何不对自我有利的方式来回答高度争议的科学问题吗?

"司法判决不可避免地是为自我服务的",这一观点无疑会引起广泛争议,尤其会遭到法官的激烈反对。法官坚称,无论他们的判决可能存在多少问题,他们都忠诚于法律。由是,说"司法判决不可避免地是为自我服务的",实际上是说"就算法官坚决否认,司法判决仍是为了证明自己正确的产物,这一点**千真万确**"。[17]言外之意,这其实是在把科学问题视为旨在求真的问题,从而将其与"为自我服务的"做法区别开来。如果科学家们能够从事实的角度或者最优考量的路径来考察司法行为中的争议性议题,那么,法官为什么就不能从事实的角度或者最佳解释的路径来回答有争议的宪法问题?难道说,那些投身于法律职业或者法学研究的人,比起从事自然科学或者社会科学的人就要逊色很多吗?我们当然知道这种说法缺少证据证明,没有证据表明那些需要天天盯着宪法问题的人生来就不诚实。如果真是这样,那么,这对于寻找宪法含义会产生什么特别之处吗?与考察存在于宪法含义司法、学术判断中的动机这一类科学问题显著不同的宪法含义自身的问题,是否存在什么特别的东西,驱使那些诚实的人宣称:当他们在对那些说他们的宪法解释是自私观点或者个人偏好进行辩护时,他们尽力做的一切都是合法的?

　　关于宪法含义的问题或许真有某些独特之处。你可能会说,关于宪法问题(宪法是什么,它又规定了什么)的答案不像科学问题,它有很多能直接吸引我们或者让我们反感的政治倾向。看看联邦最高法院在**德西尼案**中采取的行动。有六名大法官认为,宪法并没有为政府设定救济无助儿童的义务,因为法官们对于"福利国家"持保留意见,同时也担心他们自己找不到为政府设置保护儿童免遭可预见的暴力伤害的义务,与保护儿童免于饥饿、忽视,以及被剥夺了经济、社会和政治机会的义务之间的原则性界限。因为宪法问题明显带有诸如此类的政治倾向,它们不可避免地会把我们的感情卷进来,由此人们难免会提出:我们的感情会抑制我们在探寻真相过程中的超然及自我批判的努力——甚至是在原本可能存在客观实在或最佳解释的地方。

我们对此的回答是:科学问题并不比宪法问题中存在的明显的政治倾向和感情色彩更少。让我们暂时把科学问题和道德、政治问题的区别这一难题(比如:"人的生命何时开始"与"人格什么时候得以形成"这两个问题的区别如何清楚地表述出来)放在一边,只是宽泛地将科学问题定义为诸如宇宙的起源、物种的起源、同性恋倾向是否天生、全球变暖的原因等这一类问题,从这个意义上,对于宪法原则的忠实程度和自我批判的程度很可能会影响对宪法案件的判决。当代美国政治的观察者们不能否认我们对这些科学问题给出的答案中所包含的浓厚政治色彩。如果你完全认同支持达尔文物种起源论的科学证据,你或许会倾向于认为公立学校强制推行"智能设计论"是错误的,你也会认为批准私立学校禁止讲授进化论同样是错误的。(反之,你可能会认为让学童接触一些非主流理论也没什么错。)如果你相信人的性取向主要受遗传基因影响,可能会倾向于认为歧视同性恋是错误的。(同样的,如果你不这么认为,那就可能持相反的立场。)如果心理学研究能够证实,法官无法避免会将他们的个人价值强加于我们,那么我们多半可能得出结论,认为美国的司法审查机制是不合理的。

这些特例中的科学问题并没有什么特别之处。一个众所周知的科学问题在实践中是否会产生直接的政治影响?

这完全取决于环境。就此而言,我们今天所称的太阳系是以太阳为中心还是以地球为中心,就会产生不同的政治后果。又比如,孟德尔的遗传学理论在20世纪40年代和50年代就遭到苏联斯大林政府的全面压制。走笔至此,相信很多美国人应该很容易发现那些广受关注的事实问题,比如堕胎和乳腺癌之间是否存在某种关联、伊朗是否曾插手2001年撞击世贸中心的"9·11"事件等,都会牵扯出不同的政治后果。如果人们无法确认那些带有政治意味的前提的真伪,那就不能断言"对宪法问题的回答不过就是个人偏好的合理化结果",因为这个命题本身包含了一个再清楚不过的政治假设,即,美国司法权的不合法性。

不管法官能否忠实地寻找宪法的真实含义,或者宪法是否具有能被发现的真实含义,都不要去怀疑法官特别**声明**的"对宪法真实含义的关注",以及**存在**真实的宪法含义和最佳解释的可能性。这种可能性至少基于两点理由可以成立。第一,我们已经看到:很难有理由否认存在宪法事实以及忠实追寻宪法含义的可能性,因为我们不能既否认这种可能性,同时又肯定存在语义学、心理学上的科学真实。第二,就算宪法原则仅仅是被用来对依据其他理由作出的宪法判决加以合理化论证,这些原则也会在某种程度上限制宪法判决,因为我们可以想见政府的很多做法是很难用宪法术语加以合理化的。比如,举个例子,直接公开将税收用于在学龄人群中培育基督教世界观,或者试图执行宣布通奸和避孕为犯罪行为的法律。想想联邦政府直接公开地企图限制少数族裔的选举权,我们会怎么说?或者州政府宣布不得将个人财产税用于公立学校筹资,我们又会怎么说?当然,这些例子都是假设,但也不是全无可能。它们与政治野心、原则或者当今美国有影响力的团体的行动暗通款曲。我们之所以认为它们明显违宪,这本身就反映了宪法权威对政治选择的制约。

在谈到解释者寻找宪法的真实含义或最佳解释时,我们似乎已经假定了某种道德实在的存在,这种道德实在无需提供什么说教来让我们发现它是如何构成的。这里有两点需要指出:第一,我们并不是要论证**有**这么一种道德实在,毋宁说,我们论证的是:宪法解释这一事业假定了有良知、负责任的解释者在寻找宪法的真实含义或最佳解释。这一假定并不必然能得出如下结论,即,文献资料当中就**存在**这样一种真实的宪法含义。到底有没有,尚无定论。简言之,我们所做的声明是关于宪法解释的某些**假设前提**,而不是像有些读者所说的,是有关道德实在的"本体论"声明。

第二,我们自己在关于道德实在主义和建构主义(或者深层次的共识主义)的讨论中,也持不同意见。简单地说,宪法解释是寻求宪法文本中包含的概念的真实含义?还是在寻求**我们的**宪法实践、传统和事业中的最佳解释?[18]我们两位作者并没有达成一致意见。基于各种理由,我们在写作本书过程中,在道德实在主义和建构主义(深层次的共识主义)之间采取了不可知论的立场。

在第二章中,我们会进一步探索前已述及的宪法解释中的基本问题：宪法是**什么**？应当如何解释宪法？**谁有权解释宪法**？尤其是，我们要考虑是否存在任何宪法解释理论能避免对宪法含义进行道德判断？以及我们的宪法框架是否将作出这种判断的基本责任赋予了立法机关而非司法机关？

---

¹ Brown v. Board of Education, 347 U. S. 483（1954）。美国宪法第十四修正案中的平等保护条款规定："任何州不得拒绝给予在其管辖下之任何人以同等之法律保护。"

² Garcia v. San Antonio Metropolitan Transit Authority, 469 U. S. 528（1985）。美国宪法第一条第八款授权国会"调整与外国、各州之间以及与印第安部落之间的贸易"。

³ Plessy v. Ferguson, 163 U. S. 537（1896）（在布朗案中被推翻）；National League of Cities v. Usery, 426 U. S. 833（1976）（overruled in Garcia）。

⁴ 347 U. S. 483（1954）。

⁵ 410 U. S. 113（1973）。

⁶ 531 U. S. 98（2000）。

⁷ 参见 Mark Tushnet, *Taking the Constitution Away from the Courts*（Princeton, NJ：Princeton University Press, 1999）；Larry D. Kramer, *The People Themselves：Popular Constitutionalism and Judicial Review*（New York：Oxford University Press, 2004）。

⁸ Charles Evans Hughes, *Addresses*（New York：G. P. Putnam & Sons, 1908）：139.

⁹ 将宪法解释事业视为建立在以下三个根本问题上——"什么？如何？和谁？"的著作，参阅 Walter F. Murphy, James E. Flem-

ing, Sotirios A. Barber, and Stephen Macedo, *American Constitutional Interpretation*, 3rd ed. (New York: Foundation Press, 2003)。

[10] Roper v. Simmons, 543 U.S. 551 (2005).

[11] Roe; Lawrence v. Texas, 539 U.S. 558 (2003). 第十四修正案中的正当程序条款规定:"无论何州未经正当法律程序不得剥夺任何人之生命、自由或财产。"此外,第五修正案中适用于联邦政府的正当程序条款规定:"未经正当法律程序,不得剥夺任何人之生命、自由或财产。"

[12] Boy Scouts of America v. Dale, 530 U.S. 640 (2000).

[13] 17 U.S. 316 (1819).

[14] 60 U.S. 393 (1857).

[15] 539 U.S. 558 (2003).

[16] 489 U.S. 189 (1989).

[17] 正如我们在第二章中提及的,哲学家们早在千年前就已经指出,怀疑者们在声称"不存在真相"时是自相矛盾的,因为这么说的言下之意,也就是"不存在真相,这是真相。"

[18] 对比 Sotirios A. Barber, *The Constitution of Judicial Power* (Baltimore: Johns Hopkins University Press, 1993): 202-36 (一种道德实在主义者的宪法理论) 和 James E. Fleming, *Securing Constitutional Democracy: The Case of Autonomy* (Chicago: University of Chicago Press, 2006): 61-85 (通过类比约翰·罗尔斯在《政治自由》中的政治建构主义,发展出一种宪法建构主义。John Rawls, *Political Liberalism* [New York: Columbia University Press, 1993])。

第二章
宪法解释的首要问题

宪法解释是一种由特定假设前提出发,在特定语境和历史进程中进行的认知活动。这种语境由不同意见(通常但不必然与司法案件或争议联系起来)所构成,而这些不同意见主要围绕政府的所作所为是否得到宪法条款或者是相关原则的授权或认可而展开。在此特定语境中起作用的那些假设有:(1) 宪法如果得到忠实地遵行,会对政府的作为加以限制;(2) 这些限制经由合理的确认可被知晓;(3) 理性的人会认为这些限制总体上服务于一个至善的目的。[1]

宪法解释的首要问题来自于表现为不同形式的这些假设之间的冲突。比方说,有的观察者认为:宪法施加的限制主要集中于政府的决策是如何作出的("程序"问题),而非政府都作了什么决策("实体"问题)。有观点认为,这些限制应当由法院来发现并宣布;而另外的观点则认为,这种确定宪法限制的权力应当为联邦政府的其他分支、州甚至人民自己所享有。有人说,应当从制宪者和批准者的原初意图中探寻宪法含义,而不是像其他人所言,应当根据当前社会需求,或者结合在宪法文本中的抽象的道德观念加以解释。有人说,宪法寻求的不过就是个人动机与社会合作的起始基线;有人则称,宪法是被制定出来致力于促进个人自由、安全和经济繁荣的生活方式的,而这样一种生活方式明显具有种种世俗化好处,区别于那种人死之后的灵魂拯救。此外,还有人可能会说,宪法志在造就一座"山巅之城",不仅为追求尘世的好处,也为了光大宗教的荣耀。所有这些议题都是在本书第一章提到的基本问题的若干面向:宪法是**什么**?它该**如何解释**?而这些问题进而引出了下一个问题:**谁有权解释宪法**?

想要讲清楚这些起作用的假设以及它们所指向的问题,我们绕不开美国宪法思想研究领域的两篇经典之作:一篇出自威廉·伦奎斯特(William Rehnquist)之手,另一则是罗纳德·德沃金的论文。伦奎斯特在担任联邦最高法院联席大法官时写下了《"活的宪法"的观念》,发表于《得克萨斯法律评论》。[2]德沃金的论文最早发表于《纽约书评》,稍作改动后收入他的《认真对待权利》一书。[3]这两篇文章代表了对首席大法官厄尔·沃伦(Earl Warren)领导下的联邦最高法院的评价及反应。沃伦在1953年被艾森豪威尔总统任命为首席大法官,在**布朗诉教育委员会案**[4]中大显身手,成功地主导了全体大法官一致同意的判决意见。直到1969年,沃伦法官退休时,联邦最高法院已经创造出了在公立学校禁止宗教仪式、削弱国会对共产主义分子的调查权、强化刑事诉讼过程中被告人的权利、拓宽战时政治抗议的权利,以及扩大选举权和选举中的平等权等成绩。这一系列举动引发了南部白人、宗教原教旨主义者以及强调在政治进程中保持意识形态正确者的种种反弹。沃伦法院的"改革"或称"僭越"(按某些人的观点）同样也激起了学界的评论声浪,支持与批评参半。关于宪法解释方法的现代讨论就是这其中一波浪潮,伦奎斯特和德沃金论文的发表可视为这场讨论中的重要事件。这两篇文章分别预告了我们将要在接下来的章节谈到的"严格原旨主义路径"和"哲学进路"。

沃伦法院以最典型的法院的方式,宣告自身是造成美国法律种种戏剧性改变的宪法权威,公开表明联邦最高法院对宪法的忠诚。阅读德沃金和伦奎斯特论文,不难看到作者对联邦最高法院前述声明的三个基本反应:其一,德沃金认可联邦最高法院作出的改革举措,并且认为这些改变要么源自宪法本身,要么是出自适用宪法条款的诚实的努力。其二,伦奎斯特不认可联邦最高法院的改革举措,他认为这些改变代表的是自由派社会改革者受"活的宪法"观念影响而产生的价值观,并非一种"适用宪法条款的诚实的努力"。其三,伦奎斯特和德沃金两人都赞同的一种立场,即,伦奎斯特文中一位不具名的律师在上诉摘要中坚称的联邦最高法院应当成为"当代社会良心"的立场。[5]我们不妨把伦奎斯特笔下持这种立场的"摘要作者"称为"活的宪法的自由派人士"。这样的自由派人士基本上赞同伦奎斯特所说的沃伦法院作出的重大判决意见不是来自宪法,而恰恰来自法官们所感受到的当代社会的需要。然而,与伦奎斯特不同,活的宪法的自由派人士赞同沃伦法院的种种作为。德沃金不同意活的宪法的自由派人士关于宪法解释的理念,但是认同沃伦法院所作的判决。下表显示了对于沃伦法院的三种态度:

	沃伦法院的作为	沃伦法院宣称其对宪法的忠诚
伦奎斯特	不赞成	不同意
德沃金	赞成	同意
"活的宪法"的自由派人士	赞成	不同意

正如该表所示,一个观察者的解释立场(如第二栏所示)并不需要完全地展现在他的政治立场(如第一栏所示)中。那些在政治上不同于类似"摘要作者"那样的活的宪法的自由派人士,很可能在重要的解释性问题上和类似于伦奎斯特的保守派达成一致。事实上,我们相信:本书的大部分读者可能都自认是自由派,他们也可能赞同伦奎斯特关于宪法解释的很多观点(起码最初是这样)。但正如我们将会看到的那样,伦奎斯特的宪法解释理论很可能会让那些意识形态的保守主义者,以及价值观和道德观上坚持传统信仰的人感到震惊。

Ⅰ. 伦奎斯特对"活的宪法"的批评

伦奎斯特在《活的宪法的观念》一文中,抨击了这样一种观点,该观点认为:宪法中"含糊"的、概括性的词和短语为法官提供了使宪法应对社会状况之变化的机会。[6]自二战结束十年后,这一观点在宪法学者、法官、政治家以及专栏作家中相当流行,因为它似乎能把宪制政府从"过去的死手"(the dead hand of the past)中拯救出来,让宪法服务于现代需要,同时,也使司法权得以扭转诸如像南部白人实行的明显不义的种族歧视之局面。或许基于这一理由,伦奎斯特竭力要向读者表明他并不完全反对"活的宪法"这一提法。他认为:有些宪法条款(比如"法律的平等保护""州际贸易"以及"不合理的搜查和没收")的覆盖面足够宽泛,能够解决制宪者当初未能预见到的问题。他引用了很多著名大法官——诸如小奥利弗·温德尔·霍姆斯和马歇尔——广为人知的支持"活的宪法"的观点,并且说,"法院当然要确保扩展宪法条款的语言,以使其(宪法概括性条款)得到适用"。[7]他甚至认可法官个人的政治价值观影响他们对概括性词语和短语的解释。然而,他坚持认为,将宪法概括性条款合法地适用于当代问题必须"受制于宪法的语言"——它们必须反映那些"源自于制宪者的意图和……价值"。[8]一方面,伦奎斯特在多大程度上接受"活的宪法"这一点上态度暧昧;另一方面,他对"活的宪法"不能被接受这一点上却毫不含糊。关于"活的宪法"为什么不能被接受,他说,"并非出于民选的联邦司法机关得以宣布他们在某社会问题上的决定权,仅仅是因为政府的其他分支没有这样的或者拒绝这样做"。[9]对于伦奎斯特论文的读者来说,最关键的问题在于,事实上是否存在任何宪法案件:(1)法官没有将他们的判决意见和宪法文本与制宪者的意图联系在一起,(2)"仅仅是因为政府的其他分支没有这样做或者拒绝这样做"而产生。

伦奎斯特援引了两个广为人知的"恶例"来作为司法"干预问题解决"的例子:**德雷德·斯科特诉桑福德案**和**洛**

克纳诉纽约州案。[10]但是,读过案例的读者很快就能发现:这两个案例很难证明伦奎斯特所说的司法判决(1)切断了与宪法语言、制宪者意图的联系;(2)仅仅是为了要解决政府其他分支没有发表意见的社会问题。法庭对**斯科特案**的判决,不是因为国会在奴隶制争议上没有发表意见,而是因为法庭不同意国会对此问题的意见。因此,法庭采取了行动,阻止国会试图进一步废除其境内奴隶制的努力。[11]不仅如此,**斯科特案**的判决意见既没有游离于宪法语言之外,也没有对制宪者的意图视而不见。法庭援引了若干确认"奴隶制下的财产权"的宪法条文[12],还用一种模棱两可的方式,阐明了国父们对待非裔美国人后代的种族立场和制宪意图,以此作为判决依据。[13]

洛克纳案的判决意见同样不能证明伦奎斯特作出的"司法越权"的论断。法庭判决推翻了纽约立法当局规定的面包店雇员每周工作最长不得超过60小时的政策,但该判决并不能填补立法不作为而造成的真空。法庭的判决意见也试图找到对宪法语言的合理解释(不排除可能存在某些错误),即,什么是第十四修正案正当程序条款所保护的"自由"。法庭判决意在保护的经济自由或财产权利(管理方合法地向劳工要价的权利),大体上与某些重要制宪者,如亚历山大·汉密尔顿(《联邦党人文集》的作者之一)的经济政策相一致。

其实伦奎斯特本来可以提到**布朗诉教育委员会案**、**雷诺诉西姆斯案**(Reynold v. Sims, 1964)[14]以及**吉迪恩诉温赖特**

案(Gideon v. Wainwright, 1963)[15]等案,这些案件的判决意见说不定倒是能满足他断言的"司法越权"的标准。我们可以说,在上述每一案件中,法院作出判决,起码部分是因为州或联邦的政府其他分支在黑人青年受教育权遭到歧视对待、州议会的不当权限以及刑事被告人因无法获得律师辩护而遭受不公正审判等问题上未能充分尽职。然而,上述案件判决意见没有一个能同时符合伦奎斯特所提的两条检验标准;不过,在每一案件中,法庭的判决意见都挑起了对平等保护、正当程序或者第六修正案中获得辩护的帮助权等条款的解读及争议。但是,比起**洛克纳案**和**斯科特案**完全不符合伦奎斯特的检验标准,这些案件起码事实上部分地满足了某项标准。那么,为什么伦奎斯特选择了**洛克纳案**和**斯科特案**来阐明"活的宪法"中不可接受的地方?为什么他不选择诸如**布朗案**、**雷诺案**或者**吉迪恩案**?一种可能性是**布朗案**、**雷诺案**和**吉迪恩案**被业内人士和外行公认在道德上站得住脚、且已有定论,而**洛克纳案**和**斯科特案**则一贯名声不好。很可能伦奎斯特想要把批评的火力指向那些声名狼藉的案件,他不愿意把他自己的立场和**布朗案**、**雷诺案**和**吉迪恩案**试图修正的道德上可疑的做法捆绑在一起。由此,我们不妨推测,伦奎斯特采取了把他的解释立场置于道德优势地带的方式来选择案例,换言之,他想要站在读者认为的公正和体面的这一边来展开论证。读者在评价伦奎斯特选择立场的用心时,需要特别留意他所采取的这种策略。

同时,我们还要指出:伦奎斯特举的例子并不管用。他举不出法院的判决意见不受制于宪法条款的案例。他也做不到这一点,因为真有这样的判决意见的话,就回答不了宪法问题了——而这样的判决也不能被视为宪法判例(也就是阐明宪法含义的判例)了。当他说出如下这番话时,我们完全可以明白,他不是不知道这些道理:

> 摘要作者关于"活的宪法"的观念很少毫无讳言地直接表达出来,相反,它往往披着华丽的外衣。采用这种方式的论证,一般说来总是从充满诡辩的含糊其词开始的:为什么要伪称宪法中的概括性短语在制定之初即有了确定的含义?毕竟,法官对这些短语的含义也经常持不同意见?……任何老练的学者都会发现:法官无需把自身局限于制宪者的意图,那些意图很难有什么定论。由于宪法运用了宽泛的措辞,法官应该毫不犹豫地行使他们的权威以确保宪法与现代社会紧密相联并解决现代社会的问题。[16]

基于摘要作者的这一特征,伦奎斯特做了一个不动声色的转换。他把宪法判决得以成立的理由从**宪法文本的实际语言转换成制宪者的意图**。他不得不这样做,因为如此才能表明他所列举在历史上的法官无汪不是采用了对宪法语言似是而非的解释来论证自己的判决意见的(尽管近年来,法庭保护"未列举"权利的判决遭到了普遍反对)。[17]正是因为判决意见没有被限制在宪法语言内,所以,它也无法成为法院合法地扩张其权威的有意义测试的一部分。伦奎斯特

19 真正要检验的是法官缺乏对制宪者意图的忠诚。对于伦奎斯特来说,制宪者的意图才是案件所涉宪法含义的终极权威和来源。在他看来,如果法官宣誓遵行宪法,那么,诸如"正当程序""平等保护"等短语的含义就不应超出制宪者对这些术语预设的范围。因此,伦奎斯特在他的论文中提出——顺带说一句,21 年后,他在**波尔市诉苏洛雷斯案**(City of Boerne v. Flores,1997)[18]中又提出了相反的观点——假设第十四修正案的用语宽泛到覆盖了制宪者都未能预见的问题,那么,修正案第五款则将这些没有预见到的问题交给国会而不是法院来处理。[19](很明显,**谁有权解释宪法**这一概念必然紧随**如何**解释宪法这一概念。)法院负责解释修正案第一款,这一款保障了正当程序和平等保护原则。伦奎斯特在总体上是这样评价这些条款和内战修正案(即第十三、十四、十五修正案)的,他说:"我想制宪者原本会说,这些修正案之所以被制定出来,是为了防止在此以前反复出现的州权滥用的情况。"[20]。这一论断似乎和他本人早年间的观点很不一致,他早年间认为,法官可以合法地用他们自己的语言来解释并适用宪法条文(这就使得权力滥用的程度有可能比修正案批准以前还要严重)。伦奎斯特相信:法官在采纳诸如第十四修正案平等保护条款时,不应该盯着制宪者心目中认定的权力滥用以外的东西,由此,我们有理由怀疑:尽管伦奎斯特反复声明,但他是否真能区分"活的宪法"中的正确与谬误之处。因为,他到目前为止,似乎反对任何意义上的"活的宪法"。

很明显，伦奎斯特认为现代生活中的问题越来越多地被留给了政策选择，而非受制于宪法原则。他认为宪法"被设计出来，是为了使民选的政府分支、而不是司法分支，去推动国家与时俱进"。[21]如果说"活的宪法"代表了某种向前看的视角，伦奎斯特毋宁说选择从相反的方向来观察：宪法无法限制政治选择，从这个意义上讲，宪法的影响力正日益减弱。按照伦奎斯特的观点，宪法创建并授权民主政府，同时制约这一政府；随着时间的流逝，制宪者的具体意图日渐消失于过去的岁月，宪法对政策制定者的限制性功能也日趋减弱，留给后者的政策选择空间越来越宽。伦奎斯特相信这些选择空间包括容忍"不得不做出让步的社会之恶"[22]，这些"恶"可能是制宪者没有发现或没有预见到的，并且是大多数民众基于解决成本或者根本不为任何原因，决定不加处理的。按照这样一种对宪法基本功能和宪法含义之本质的理解，伦奎斯特实际上否认了沃伦法院重要判决的合宪性，尽管他没有直接点名批评沃伦法院。因为在伦奎斯特看来，这些判决得以作出的前提是假设宪法原则是抽象的，并且其宽泛程度超出了制宪者的具体意图。

伦奎斯特所反对的"活的宪法"，可能授权法官超越内战时期白纸黑字的种族主义，按照他们自己认为合理的"人"的主体范围和"平等保护"应该具有的真实含义和最佳理解，来解释"对所有人的平等保护"这一短语。如果对第十四修正案的解释被限制在制宪者认定的具体范围内的话，这里的"人"可能仅仅覆盖"黑人"，而不包括"女性""同性恋者""法人"或"未出生的人"。如果道德和科学的证据可以证明前所述及的部分或全部都是真正的人或者有资格受到法律平等对待者,那么,修正案就不必保护他们免受普遍的敌意或冷遇了。事实上,唯一的理由或许是:无论女性、同性恋者、法人或者胎儿是不是、或者应不应该算作"人",这一问题在当时并没有进入制宪者的考量范围。

伦奎斯特对于宪法含义和法官角色的立场与普遍看法背道而驰。他对自己的观点给出了三条论据。第一,他说,"活的宪法"这一观点相对于"宪法的本质"来说,是错误的。因为宪法被设计出来,是要建立一个多数主义的代议民主政体,而不是要让大众受非民选的法官的统治的。[23]但是,这是一个不够充分的论据,因为它仅仅认定了几个不得不讨论的命题,回避了重要问题。这其中最重要的命题是,宪法的含义并不简单地等同于它说了些什么。举例而言,尽管第十四修正案中出现了"人"这个词,但修正案并不仅仅保护制宪者在批准修正案时心目中认定的那些算作"人"的人。伦奎斯特也认为,一个真正的民主共同体是不会赞成对心智和道德加以任何限制的,更不会想要建立一个为实现上述种种限制的政府。在这一假设的基础之上,一个真正的民主共同体不会对真实的人的实质公正有什么兴趣,它只会对关于人性和公正的特定理解感兴趣——无论这种理解在科学上或者道德上到底是对还是错。伦奎斯特还相信他对代议制民主政体的特定看法相当正确,至于理由并没有给出。同样在缺乏历史和哲学证据的情况下,他认为制宪者们对于代议制民主政体的评价(按照他本人所理解的)比其他的益处(比如对真实的人的实质公平)更高,或者按他的理解,**应该**更高。他没有论证宪法如何确立他的多数代表制民主政体(majoritarian representative democracy)的概念,以此来对抗其他竞争性观点,比如对多数加以实质性限制的立宪民主政体。[24]

第二,伦奎斯特认为,为"活的宪法"进行辩护的人忽视了法官造法可能带来的"灾难性经验"(比如**斯科特案**和**洛克纳案**)。[25]但是,如我们所见,这一论证同样是乏力的,因为这些案件不能证明伦奎斯特所定义的"司法扩张"。在前述每一起案件中,法院援引的宪法条款很可能都已经被国父们意识到了。事实上,学者们已经表明,联邦最高法院在**斯科特案**中的观点正是典型的意图主义(或者更准确地说,原旨主义)宪法解释方法的例证,而这种方法一直为伦奎斯特所推崇。[26]我们没有说,**斯科特案**和**洛克纳案**就足以驳倒伦奎斯特的方法论了;因为有些意图主义者或者原旨主义者已经论证过,联邦最高法院在**斯科特案**和**洛克纳案**中对宪法和建国文件的解读是错误的。[27]我们这里想要说的是,因为**斯科特案**和**洛克纳案**的判决意见的确注意到了宪法文本和制宪者的意图,不能认为法院忽视了宪法文本和制宪者意图。当然,伦奎斯特或许相信这些案件在宪法文本和制宪者意图上的理解明显有误,以至于他们对于文本和意图的强调成了由其他原因推导出的判决意见的某种借口而已。但他并没有从这一路线进行论证,这样做对他而言无疑困难太大。伦奎斯特很清楚宪法条文所包含的"开放的"含义很可能导致彼此冲突的解释，制宪者意图很难确定，并且法官往往被他们个人的哲学观念所影响。如果理解上的分歧大到谴责某观点只是一种借口，甚至严重到攻击造成这些分歧的过程和机制，那么，有些人可能会认为我们或许应该放弃由人来统治，而乞怜于神或者某种超人权威的统治。

伦奎斯特反对"活的宪法"的第三个论据是最成问题也最明显的。他说，制宪者对于真实的人的真实公正并不感兴趣——这和他们自己声称的他们所认为的人的公正观念恰恰相反——因为根本不存在他们感兴趣的"真实的公正"以及把当时大多数人不认为是"人"的人算作人的充分理由。公正所要求的前提以及哪些人应当被算在"人"的范围内，这些问题属于伦奎斯特所称的"价值判断"或"道德判断"。他说，价值判断仅仅事关个人良知，"没有什么可信的方式足以让我在逻辑上证明出于我的良心的判断必然高于你的判断，反之也是如此"。当足够多的人持有同样的判断或者将之融入宪法和法律中，这种个人道德判断即"汇集成普遍化的道德正确或善德"。但这仅仅是"一种将他们向我们宣称的道德声明，转化为法律的事实"，而非"任何内在的价值"或者"某个人关于自然正义的理念"。[28]（伦奎斯特的道德怀疑论很可能会使那些支持他的传统保守主义者感到震惊，他们始终坚持价值和道德具有客观性。）"活的宪法"理论错误地设定了某些并非来自民众通过立法——比如平等保护原则——确立下来的价值来源，以此否决该原则在1868年批准时，修宪主体对此所持的观念。通过授权法官创造出这样一种自称独立的道德价值,"活的宪法"的辩护者们"授权"(法官)"给民主政府画上了句号"。[29]

伦奎斯特的立场面临两类难题:其一主要集中于他关于民主政府或民主政体的观点,另一则他涉及关于文本含义的证据理论。尽管伦奎斯特不承认,但民主政体和其他政府形式是相互竞争的;并且,还存在着不止一种民主政体的形式。我们将在第三章看到,《联邦党人文集》的作者们反对简单多数的代议民主制,支持所有能实现正义及"高于政府的善"的政府形式。因此,《联邦党人文集》在关于民主政体的责任问题(obligations of democracy)上就和伦奎斯特的立场不同。伦奎斯特对于民主的理解不同于托马斯·杰斐逊的理解,也不同于亚伯拉罕·林肯的理解。杰斐逊和林肯都认为民主制、尤其是负责任的民主制来源于政治道德(正如《独立宣言》中宣称的政治道德),并且也对政治道德这一"不证自明的事实"负责,而伦奎斯特是不承认政治道德的存在的。伦奎斯特一方面认为民主制是最好的政府形式,同时又自信他对于民主制的理解是最好或者唯一的理解。

但是,按照伦奎斯特的想法,什么能使民主政体成为一个政治善好(political good)?哪些证据能够证明民主制优于它的竞争对手?尤其是在这样一个全球环境和经济问题向科学家们提出严峻挑战、更遑论考验普通公民的能力或世界上因文化而被区分的人群集体责任能力的时代。并且,即便民主制能够解决世界的问题,为什么要认定伦奎斯特的民主理论就是最好的?如果伦奎斯特认定他的民主观是最接近于民主的真相的,那么,他就不得不承认存在着支持民主制的道德和科学事实,这样的事实不依赖于大多数民众选出的代表通过的法案。换言之,民主制本身应当是最好的政府形式,即使世界上所有国家受到专家和国际金融大亨的游说,认为他们知道如何规避环境和经济灾难,而抛弃了民主制。伦奎斯特的民主观要么与民主制本身不谋而合,要么最大限度地接近民主制在社会环境下所能允许的状况。因此,尽管伦奎斯特表面上表现出一种道德主观主义和道德怀疑论的倾向,但实际上他认为他本人的民主理论不光正确,而且代表了"普遍性的道德上的善"。

还有一个相关的问题是伦奎斯特关于文本含义的理论。伦奎斯特认为民主制是好的,而且他的民主理论是最好的(尽管可能存在对民主的不同理解),他进而认为"民主"这个**词**指的是"民主"这件**事**,而人民可能误用"民主"。一个误用"民主"的例子,就是给授权非民选的法官成为民选代表的终裁人体制贴上"民主"的标签。伦奎斯特会说,这种理论错误地使用了"民主"这一术语,因为它搞错了民主制的本质。

然而,如果这样说的话,那么伦奎斯特就应该抛弃他所坚持的"政治道德只是一个政策合法化的结果"这一观点。假如他坚持要否定存在着独立于立法的道德实在的话,他就不得不援引能体现他这一民主理论的法律。如果诸如民主制和立宪主义这一类的善的含义可以在别处找到,那么,诸如正当程序和平等保护一类的善的含义可以在制宪者的意图中找到吗？伦奎斯特没有说国家把他的民主理论转化为了法律。他不能说宪法将此法律化了，因为他相信宪法就是这一理论的产物。到最后，我们也不是很清楚他能否回答如下问题：他所说的"给民主政府画上句号"到底有什么错？如果国家总体上已经接受了终结民主政府这一事实，那么，什么可以使伦奎斯特放弃他认为这是一个普遍性错误的立场？在"活的宪法"观指导下的司法审查已经延续了两个多世纪，这是否表明国家已经接受了伦奎斯特所说的"法院的作为终结了民主政府"？这些问题显示出伦奎斯特的观点是值得商榷的（我们不是说他错了），我们将在接下来的章节中重返他的立场（尤其是第六章，关于严格或者具体原旨主义的批评）。

Ⅱ. 德沃金呼吁宪法与道德哲学合流

我们现在转向罗纳德·德沃金的论文《理查德·尼克松的法理学》。该文首发于《纽约书评》，随后稍作改动以《宪法性案件》为题收入他的《认真对待权利》一书中。[30]我们注意到，德沃金基本上赞同沃伦法院所作出的宪法改革。更重要的是，德沃金接受了沃伦法院的声明，尤其是法院对宪法案件的声明，即其判决代表了忠实适用宪法条文的努力。德沃金似乎想要声明：**一个人可以在支持以解释改变宪法文本的同时忠于不变的宪法文本**。能够证明这一声明之正当性的，恐怕就是德沃金所作的著名的法哲学上的区分：关于宪法的种种**概念**（concepts）和关于这些概念的种种竞争性的**观念**（conceptions）之间的区分。[31]要想理解这一区分及其内涵，我们必须要细考德沃金的论文。

德沃金的论文试图发现对沃伦法院的批评（主要来自理查德·尼克松，他任命威廉·伦奎斯特为助理大法官）是否有站得住脚的理由。沃伦法院的批评者们有一个众所周知的理由，他们把沃伦时期的司法作为称为"司法能动主义"（judicial activism）。德沃金逐条检验了反对意见可能举出的理由，总结说，这个世界上的"尼克松们"反对司法能动主义的理由不足以令人信服。[32]德沃金非常有风度，并没有暗示批评者们之所以反对沃伦法院，主要是因为他们不同意**布朗案**、**雷诺案**以及**吉迪恩案**的判决意见。举例而言，德沃金说，宪法的"直白的词语"并不构成反对沃伦时期判决意见的理由，因为宪法中的词汇和短语在适用于诸如实行种族隔离的公校是否违反平等保护原则、国会席位的产生是否应遵循"一人一票"原则、刑事审判的公正条件是什么这类看上去不存在争议的问题时，其含义并不如字面那么简单。德沃金又说，尼克松阐述的普通原则中的真实理由也不支持联邦最高法院先前的判决，因为他的盟友和继承者呼吁推翻其中一些先例，比如学校祷告仪式案和堕胎案判决。[33]

德沃金说，这世界的尼克松们或许更青睐宪法解释的严格建构主义方法（strict constructionist approach）。如果这一说法成立，则他们反对沃伦法院的理由可以在宪法解释的严格建构主义学说中找到。德沃金在分析严格建构主义的学说时,引入了著名的关于**"概念"**和**"观念"**的区别。他的分析是从定义"严格建构主义"的双重立场开始的,第一重立场是忠于宪法文本,第二重立场是采取狭义的个人对抗政府的权利观。[34]德沃金认为"严格结构主义"的这两重立场是相互分离且有所区别的——换言之,**忠于宪法文本既不意味着、也无法相当于狭义的宪法权利**。为了表明这一点,德沃金论述道,第一修正案宣布"国会不得立法……限制言论自由",那么,顺理成章地,如果要忠实于宪法文本的话,那就要求将**所有**限制言论、尤其是任意限制言论自由的法律宣布为无效的**法律**。然而,"一个狭义的个人权利观则会承认前述法律,从反诽谤法、反猥亵法到史密斯法案",以及麦卡锡时代将加入共产党和宣扬暴力推翻政府的行为入罪的法律。[35]德沃金接下去说,某些观察者之所以将这两种意义的严格建构主义混淆在一起,乃是因为"有关文本含义的理论……太过原生态了"。[36]

按照这样一种"原生态的"理论,宪法中"正当程序""法律的平等保护"等概括性术语的整体含义被限定在制宪者们在制宪年代的特定观念中(请回顾我们此前对伦奎斯特所作的分析)。不仅如此,按照"原生态的"理论,某一宪法条款最可能指向的东西,**就是制宪者如果能想到它们的话,必然认为这就是理所当然的东西**。如此一来,**布朗案**只有在第十四修正案的制宪者事实上相信修正案将在公立学校实行种族隔离定为非法的情况下,或者如果他们公开宣称学校实行种族隔离非法的情况下,才能得到公正地判决。[37]德沃

金试图用以下的思想实验来表明这种含义理论的致命缺陷:

> 假如,我只是告诉我的孩子,我希望他们不要不公正地对待别人。无疑,在我的头脑中,我有我不想鼓励的那种行为的例子,但是我不能接受这样的说法,即我的"本意"只限于这些例子。理由有二:第一,我希望我的孩子们把我的教导用于我没有想到、或者我完全不可能想到的情况。第二,我随时乐于承认,当我在说这些话时,我所认为的某些公平的行为实际上是不公平的,或者,反过来说,可能我的一个孩子在以后哪天能说服我承认这一点;在那样的情况下,我就会说我的教导包括他所提出的情况,而不会说我改变了我的教导。我可能说,我的意思是我们的家庭应该接受一个公平概念的指导,而不是由任何可能在我的头脑中存在过的特定的公正观念来指导。[38]

如果把这样的思想实验贯彻到司法领域,德沃金可以得出如下结论:那些忠实于宪法文本的法官对于宪法中体现规范性的重要条款,比如"平等保护""正当程序"等,必然相当敏感,并且把它们当成一般性**概念**,而非特定的**观念**。因为这样的理由,那些忠实于宪法**文本**的法官们必须要靠自己来决定案件所涉的条款是什么意思,除此之外别无选择。[39]由此,这些法官会追随**司法能动主义**的政策,由他们自己来作出解释,而不是遵从立法机关的意见(成文法)或者早先法官的意见(先例)。因为如果遵从别的来源(尽管可能有充分的理由),那就是忠诚于别的来源,而不是忠于宪法文本本身。

正如德沃金思想实验中的父亲,宪法的一般性概念的起草者们(也包括其他任何人,比如立法者和法官)都不得不承认,他们对于这些概念的观点不过**仅仅**就是观念而已——观念也可能犯错。忠于这些写在宪法中的一般性概念,要求未来的解释者像德沃金思想实验中的孩子一样,能够本着一贯的自我批评精神和精益求精的态度来确定宪法含义,以最大限度兑现我们对宪法的承诺。[40]德沃金指出,要是孩子的想法和父亲的建议不一致,那么,父亲的真实意思很可能并不是他自己说的那样。或许,他的意思不是"公平地对待别人",而是"按照**我**说的那种公平要求去做"。在后一种情况下,父亲在心目中最看重的不是公平或者他的孩子是否公正,以及他们的名声如何,而是**他**对于孩子们的**权威**。[41]

德沃金主张,推进对宪法的理解以及解释,要求我们在宪法中融入道德哲学或者说政治哲学。[42]我们将在第五章和第十章中展开对这一论断的解释(注意:这并不意味着要让哲学家坐在法官席上,或者在法官判案的原理中引用哲学家的教义。)但是,到现在,我们可以说:证明德沃金这一主张的理由正是他所说的宪法本身的内在要求,即,解释者在确定含有一般性概念的宪法条款之含义时,必须保持自我批判的精神。当你开始反思自己,就已经进入了哲学领域。因为哲学是认识自己的最精致的形式;而道德和政治哲学更是在认识自己的过程中,处理诸如怎样才能成为一个好父亲、怎样才能实现公正的审判、怎样才是平等地对待他人以及怎样的宪法才是好宪法等问题的最精致的形式。

　　但是，哲学能回答这样的问题吗？有相当部分的哲学家说不能。他们认为这些问题的答案从根本上来说只能是专断的，也就是说，它们只能是达成共识的协议、个人主观的承诺，甚至就是赤裸裸的权力的产物。德沃金第一次公开表达这一观点，是在《纽约书评》上，这对于该问题来说具有非常重要的意义。《纽约书评》不是那种专门化的学院杂志，为《书评》撰稿的专家来自不同领域，《书评》刊载的文章针对的是受过良好教育的读者，他们大多是高素质的公民，或者是关心自然科学和社会科学发展的业余爱好者。同时，文章发表的意义还体现在这篇文章开诚布公的政治目标：德沃金的文章影响到了追随者对司法审查等问题的看法。正如民众流传的那样，德沃金预设了一种哲学背景（他必然会作此假定），在这种哲学背景中，关于政治事件既有的、变化的理由是合理的，这些既有的、变化的理由不会煽动群众搞运动，或者要求法官下台。这种哲学背景假定了道德实在（moral truth）以及个人最大限度接近这种道德实在的可能性。关于这样一种在现时环境中的道德实在，我们指的是政治上正确还是错误的命题、客观上正确还是错误的命题，以及在客观上接近还是远离这种正确或最佳理解的命题。德沃金在这篇文章中承认了道德实在的可能性与道德客观性。他可以想得到他一度认为公正的司法判决后来被证明"实际上是不公平的"。[43]他承认沃伦法庭的"司法能动主义"政策"假定了某种道德原则的客观性"。[44]德沃金对伦奎斯特文章中的那种道德怀疑主义倾向直接表示了异议,他指出"国内没有几个政客"敢公开否认(个人)对抗国家的权利,或者说,多数大众和他们的政府代理机构应对是非的客观标准负责。[45]

在最后这一点上,我们还想做一个更强一点的声明。我们认为,在所有人们应该相信什么以及应该如何行动的讨论中,要否认道德客观性是不可能的——不仅对政客如此,对任何人都是如此。数千年前的哲学家就已指出,怀疑论者声称"真相是不存在的",这本身就自相矛盾;因为这句话的潜台词就是"不存在真相,**这可是千真万确的**"。这同样也适用于那些声称或者认定我们的信仰或行动只能服从于无法判断对错的事实的人。所有在政治辩论中否认道德客观性的人无不是自相矛盾的。我们在伦奎斯特的论证中已经见识过这一矛盾。他一开始竭力证明道德事实是不存在的,然而最后又以承认民主(真的)是个好东西,并且他的民主的观念客观上远胜过其他竞争者而告终。读者应当注意:我们这里不是要说,道德事实**是**一定存在的,或者说,不论任何人以何种方式理解到的道德事实都是存在的。我们正是被这个古老而复杂的哲学问题给区分开来。我们要说的是:在所有我们当如何处理事务,包括法官或者其他宪法解释者应该如何尽到职责的讨论中,**没有人可以否认道德实在的可能性**。不光如此,宪法解释的事业还假定了寻找宪法的真实含义或最佳解释的主体是一些负责任、有良知的解释者。[46]如果没有人能否认存在道德事实或"平等保护"和"正当程序"等宪法术语的道德特征,又或者,宪法解释预先假定解释者努力寻求宪法本意或最佳解释,那么,这就有理由让我们考虑德沃金呼吁的宪法和道德哲学的合流了。我们应该好好反思这一问题。

现在再回到德沃金的思想实验,我们的问题是:他对于这个实验能够奏效为何如此自信?他为何如此确信他的读者一定会认同所有父亲希望自己能够被理解到的是他们对孩子们的幸福、对那些能够形成他们的公平及良好声誉的要素的关心,而不是他们对孩子的权威?(别忘了德沃金的重点:如果父亲希望指明公平的**概念**,那么,他感兴趣的是公平并且想在孩子们心中培养起这种美德;然而,如果他在意的只是**他本人**关于公平的**观念**,那么他感兴趣的则是在孩子们心目中的权威。)德沃金认为,我们所有人都会认同,这两种可能性之间的区别,正是一个好父亲和至少从某个角度来看的坏父亲之间的区别。按照这一思路,德沃金点出了解释权威过程中存在的普遍共性,即:人们若忠诚于某一权威,就会从维护权威正确性的角度来解释它的声明。这就是为什么我们会按照"一个好父亲应该是什么样"的要求,来解释父亲的话。同样的道理,我们会以类似方式解释宪法,即,按照"一部好宪法该是什么样"的思路展开宪法解释。就像德沃金在其后著作中所言,对于宪法的忠诚使得我们应当遵照怎样的宪法才是最好的宪法来解释宪法。[47]

德沃金远不是第一个注意到这一解释原则的哲学家。

在柏拉图的《苏格拉底的申辩》中,我们看到苏格拉底很想搞清楚德尔斐神谕中"没有人比苏格拉底更睿智"的意思。[48] 苏格拉底被这句话弄得很糊涂,因为他唯一知道的就是他无知。然而他非常坚信,神既然是神,当然不会撒谎。最终,他找到了对神谕的解释,这一解释与他坚持认为除了相信神的真义外一无所知是一致的。在漫长而徒劳地寻找比自己更睿智的人以后,苏格拉底意识到,他所发现的,实际上不过是,他知道自己无知,而其他自以为是的人事实上一无所知。他由此证明了所谓最睿智的人,正是像神所说的那样。苏格拉底知道他不知道,而其他人自以为聪明,但是他们无知——这就是神所指的意思。

德沃金思想实验中的父亲对于孩子们来说,正如宪法的制定者("国父")之于我们——我们正是宪法序言中所说的建国一代的"后辈"。就像德沃金思想实验中的父亲,建国一代表现出的兴趣,不在他们对后辈的权威,而在后辈的福祉,也就是我们的福祉。由此,宪法才把它自己称之为因"共同防卫"和"公共福利"而作出的规定和建立的制度。宪法第六条明确指出宪法是"全国的最高法",但是,那些被宣布的法律(what is declared law)是实现诸如共同防卫和公共福利这类善好的工具。并且,正如德沃金思想实验中的父亲,宪法通过允许(第五修正案)制定修正案和承诺立宪政体绝不压制批评(第一修正案保护言论自由),承认它本身也可能犯错。某种程度上,我们这一代人和宪法的关系,正像德沃金思想实验中孩子和父亲的关系。司法独立和"司法能动"既是宪法的必要条件,也是宪法的应有之义——因为它们对于我们如何按照好宪法来理解宪法,对于我们致力于表达出宪法最该表达的东西(而不是对国父们的权威唯命是从)来说,无疑是至关重要的。

到此为止,我们始终集中于"宪法是**什么**"这一基本问题的一个方面:宪法到底是一部特定的历史观念所凝结而成的法典(按照伦奎斯特的观点)?还是如德沃金所认为的,是一个抽象的道德概念的宪章?对这一问题的回答将直接影响到下一个问题,即,我们应当**如何**解释宪法?在下一章中,我们将会讨论"**宪法是什么**"的另一面向:宪法代表的是一种积极的宪制主义,即赋权政府追求某一目的或积极的利益?还是一种消极的宪制主义,即主要在于限制政府以保证人民免受政府控制?要回答这一问题,我们需要考察美国宪法秩序的主要特征。

---

[1] 理性的人会认为这些限制总体上服务于一个至善的目的,并不因此否认他们会批评某些限制,或者认为某些限制是有问题的、不民主的,或者存在瑕疵的。参见 James E. Fleming, *Securing Constitutional Democracy: The Case of Autonomy* (Chicago: University of Chicago Press, 2006): 220-26; Sanford Levinson, *Our Undemocratic Constitution* (New York: Oxford University Press, 2006)。

[2] William H. Rehnquist, "The Notion of a Living Constitution," *Texas Law Review* 54 (1976): 693.

[3] Ronald Dworkin, *Taking Rights Seriously* (Cambridge, MA:

Harvard University Press,1977）: 131.

[4] 347 U. S. 483（1954）.

[5] Rehnquist, *supra* note 2, at 695.

[6] *Id*. at 693.

[7] *Id*. at 694, 696-97, 699,引用霍姆斯在密苏里州诉荷兰案中以及马歇尔在马伯里诉麦迪逊案中的经典表述, Missouri v. Holland, 252 U. S. 416（1920）, and Marbury v. Madison, 5 U. S.（1 Cranch）137（1803）.

[8] *Id*. at 698, 695.

[9] Id. at 695.

[10] Id. at 700, 700-04; Dred Scott v. Sandford, 60 U. S. 393（1857）; Lochner v. New York, 198 U. S. 45（1905）.

[11] 我们知道,国会在1854年以《堪萨斯-内布拉斯加法案》取代1820年《密苏里合约》,这使得当时的国会实际上废除了《堪萨斯-内布拉斯加法案》。然而,这一做法基于的是政治立场,而非宪法依据。当然,我们也并不是说,法庭对德雷德·斯科特案作出的判决,仅仅就是出于政治上反对国会的做法,因而背离了忠于宪法的信仰。进一步的分析,请参见 Mark A. Graber, Dred Scott *and the Problem of Constitutional Evil*（New York: Cambridge University Press, 2006）。

[12] 60 U. S. at 411, 451-52.

[13] Id. at 407-11.

[14] 377 U. S. 533（1964）.

[15] 373 U. S. 335（1963）.

[16] Rehnquist, *supra* note 2, at 698-99.

[17] 参见例如: Griswold v. Connecticut, 381 U. S. 479, 507-27 (1965) (Black, J., dissenting) (discussed in Chapter 5); Roe v. Wade, 410 U. S. 113, 173-77 (1973) (Rehnquist, J., dissenting); Bowers v. Hardwick, 478 U. S. 186, 194 (1986); Planned Parenthood v. Casey, 505 U. S. 833, 979-81 (1992) (Scalia, J., concurring in the judgment in part and dissenting in part); Robert H. Bork, *The Tempting of America* (New York: Free Press,1990): 110-26。

[18] 521 U. S. 507 (1997) (以第十四条修正案为限严格解释国会的权力)。

[19] Rehnquist, *supra* note 2, at 700. 第十四修正案第五款规定: "国会有权为实施本法条而制定适当之立法。"

[20] Rehnquist, *supra* note 2, at 700.

[21] *Id*. at 699.

[22] *Id*. at 700.

[23] *Id*. at 699.

[24] 在我们的宪法中,多数代表制民主政体和立宪民主政体是相互对立的两种政府形式。多数代表制民主政体和立宪民主政体的区别,请参见 Walter F. Murphy, James E. Fleming, Sotirios A. Barber, and Stephen Macedo, *American Constitutional Interpretation*, 3rd ed. (New York: Foundation Press, 2003): 43-59。

[25] Rehnquist, *supra* note 2, at 699, 700-04.

[26] Christopher L. Eisgruber, "*Dred* Again: Originalism's Forgotten Past," *Constitutional Commentary* 10 (1993): 37.

[27] 原旨主义对德雷德·斯科特案和洛克纳案的批评,可参见 Bork, *supra* note 17, at 28-34, 44-46; Christopher Wolfe, *The Rise of*

Modern Judicial Review: *From Constitutional Interpretation to Judge-Made Law*, rev. ed. (Lanham, MD: Rowman & Littlefield, 1994): 68-70, 144-63。

[28] Rehnquist, *supra* note 2, at 704.

[29] *Id.* at 706.

[30] Dworkin, *supra* note 3, at 131.

[31] *Id.* at 134.

[32] *Id.* at 132.

[33] *Id.*; Engel v. Vitale, 370 U.S. 421 (1962); Abington School District v. Schempp, 374 U.S. 203 (1963); Roe v. Wade, 410 U.S. 113 (1973).

[34] Dworkin, *supra* note 3, at 133.

[35] *Id.*

[36] *Id.* at 134.

[37] *Id.*

[38] *supra* note, at 103. 德沃金进一步发展了"概念"和"观念"之间的区别,他引用了 W. B. Gallie 的一篇论文, "Essentially Contested Concepts", *Proceedings of the Aristotelian Society* 56(1965):167. Galliess 说,某些相关概念是"彼此竞争的"。某人可能会说,我们只能从若干种观念中选择其一,但对于概念的使用则绝不可能是这样的情况。我们对此的观点跟德沃金的一样,不赞同这样一种说法。我们要说的是,相关概念是彼此竞争的;并且,我们还想说,概念是非常有价值的,因为它们是展开各种争论的前提。我们还同意德沃金所说的,各种观念也有高下之分。不同的观念相互竞争,最终决出一个关于某一概念的最佳观念(即最优解释)。概念和观念的区别

就像一个无主财产：它普遍存在于各种争论中，而且很容易被人理解。总的来说，我们想说的是，概念和观念的区别是有用的，而且可被人理解。

[39] Dworkin, *supra* note 3, at 136.

[40] *Id.* at 136-37.

[41] *Id.* at 135.

[42] *Id.* at 149. 德沃金主张宪法与"道德论"相结合，但我们还是想使用"道德哲学"这个词。或许"道德论"或"道德哲学"不是个人伦理以及个人应当如何生活的主题，但我们还是希望在一个宽泛的意义上使用这一术语。基于这样的目的，"道德哲学"毋宁指的是在理解和适用任何规范性文本中的规范性术语（包括宪法讨论）时，必须坚持的系统化的自我批评。"道德哲学"同时还指在规范性术语以及所指的可知性上提出的系统化的自我批评。由此，"道德哲学"包括了那些从类别上可以归入到政治哲学的问题。这些问题包括个人或者公民与政府之间的关系，公民的权利与责任，政府的义务，对平等、自由、公正以及其他价值的政治、宪法承诺的含义等。我们承认，在我们所称的道德哲学和其他人所称的政治哲学之间有很多重合。事实上，在把宪法解释中的规范性问题的正当化当做"政治哲学"问题来讨论的时候，德沃金本人也经常模糊这两者间的区别。参见例如 Ronald Dworkin, *A Matter of Principle* (Cambridge, MA：Harvard University Press, 1985)：143-45, 165。

[43] Dworkin, *supra* note 3, at 134.

[44] *Id.* at 138.

[45] *Id.* at 138-39.

[46] 我们在第一章中曾谈到，在言及解释者力图寻找宪法的真实

本意或最佳解释时,我们所做的关于宪法解释前提的声明不是某些读者称之为的"本体论"声明(即存在一个道德事实);毋宁说,我们在本书中所持的立场是介于道德实在论和建构主义(或者说深度共识主义)之间的不可知论。

[47] Ronald Dworkin, *Law's Empire* (Cambridge, MA: Harvard University Press, 1986):176-275; Dworkin, *supra* note 42, at 146-66.

[48] Plato, *Apology of Socrates*, 20e-23b.

第三章
美国宪法秩序的主要特征:《联邦党人文集》中的积极宪制主义

在任何宪法解释的著作中都适合评论《联邦党人文集》*。那些不了解这部著作的人,也许会认为它同现代宪法问题无关,因为这些问题的大多数都与宪法权利的含义与效力相关,而这些宪法权利是在《联邦党人文集》写成以后被采纳为宪法修正案的。但是,《联邦党人文集》包含对更宏观的宪法与宪法秩序的叙述,修正案只是这一宪法与宪法秩序的部分内容。另外,作为最富影响力的宪法解释,《联邦党人文集》如今已有三个世纪了,仅凭这一地位就值得好好讨论一下这部著作。我们在阅读罗纳德·德沃金时,就已经揭示出宪法解释的目标之一——给予宪法最令人满意的解释,让它尽可能地成为最佳解释。[1]我们通过考查这一目标在最有名的宪法解释范例中有没有得到呈现,可以检测这是否为宪法解释的真正目标。

《联邦党人文集》是一些报刊文章的合集,为支持宪法

---

* 译文参考的译本包括程逢如、在汉、舒逊译:《联邦党人文集》,商务印书馆1980年版;尹宣译:《联邦论》,译林出版社2010年版。——译注

的批准,由亚历山大·汉密尔顿、詹姆斯·麦迪逊及约翰·杰伊于1787年至1788年执笔完成。²在本书中,我们用这些作者为自身选择的集体笔名"普布利乌斯"来称呼他们。我们这样做不仅出于便利,而且还想让读者的注意力集中在作者的论证上,而不是他们的个性与政治生平。我们对他们论证的兴趣来自于当前的事业。宪法解释的终级目标是让宪法规定的内容言之成理,而通过这样的"言之成理",我们想为自身探寻到为什么每个人都自觉地把宪法视为最高法。《联邦党人文集》不仅尝试着为建国一代回答这个问题,而且也为子孙后代回答这个问题,答案的合理性与给出答案的人并不相关。我们关注《联邦党人文集》中宽泛、实质性的主题:关于宪法解释的本质,它能够教导些什么?关于美国宪法秩序的主要特征,它又说了些什么?

Ⅰ.宪法的工具属性

普布利乌斯开篇便确立了这样的原则,即解释应当顺应解释对象的本质而展开。《联邦党人文集》没有将宪法说成是政治起源的结果,即1787年夏天费城制宪会议上的交易与妥协的产物,第1篇认为宪法是保护联盟及增加国家"自由,……尊严,……以及幸福"³的手段。"为保障公民权利,政府必须有权有效。仔细斟酌,就会得出有据判断:政府有权有效,公民享受权利,二者可兼而得之。"⁴基于这一理论,普布利乌斯强调了强有力政府存在的必要性。普布利乌斯充分意识到,有强大的原因导致几乎所有政治争议的任何一方"判断产生错误偏向",然而,普布利乌斯在号召读者"用行动和榜样"来证明被他视为是人类普遍愿望的可行性时,仍然诉诸读者的"爱国心"与"仁慈",这种人类普遍愿望就是克服"偶然与强力",且"通过反思与选择,建立良好政府"。[5]

《联邦党人文集》开篇最不同寻常之处,在于它与今人对宪法基本规范性特征的普遍看法形成鲜明对比。尽管在德沃金与伦奎斯特之间存在着重大分歧,但他们(我们在第二章中考察了他们的观点)似乎都假定,宪法的基本点在于保护自由及其他与政府相**对抗**的权利而**限制**政府。[6]在此意义上,他们预设一种**消极宪制主义**。他们之所以持此观点,也许可以从他们的律师、法官或培养律师、法官的教师等职业得到解释,因为法律阶层对诉讼最感兴趣,而宪法诉讼的典型问题即政府某一部门是否超越了其自身的权力。然而普布利乌斯并没有探究这个问题,他是制宪者而不是诉讼律师,并且他想要**缔造政府**。因此,普布利乌斯将注意力首先集中在人们为什么需要政府这个问题上:任何有理性的人都不会想要一个仅是为了限制政府而存在的政府。[7]就像是宪法序言中的文字,普布利乌斯将重点放在强有力的政府上,放在强有力的政府保护或促进的美好事物与积极效果上。[8]通过将自由列入这些美好事物之中,他建议,在一个秩序井然的社会中,自由是——在内战之前,亚伯拉罕·林肯将其称为"值得称赞的目标"⁹ *——剔除了社会危害性的自由种类,如(我们将会称之为的)奴役人的自由、脱离公民义务的自由,或政府资助允许仅维持生活的最低工资和更少工资的"劳动力市场",无视在必要时"必须满足生活的净成本"义务(来自新政期间的一个标志性案件)的自由。¹⁰因此,《联邦党人文集》欣然接受一种积极的宪制主义,这预示着林肯及新政的宪制主义。

接下来的一组论文(一直到第9篇),都集中在因宪法未获批准而将导致的不幸上。这些不幸的范围从对待国外势力软弱无能到内战,从不能清偿战争债务到美国人无法在密西西比河通航。普布利乌斯在这里所讨论的问题,既源自18世纪80年代的特殊国情,又有"普遍、持续不断地作用于社会群体"的起因。他将所有这些问题追溯到人性的"野心勃勃、喜欢报复以及贪得无厌"。¹¹对于我们的目标而言,这一观点所揭示的真理,从属于它想要表明的普布利乌斯对宪法特性的基本理解。普布利乌斯的主题是宪法的**工具属性**——宪法的目标在于避免坏的事物,追求美好的事物。

《联邦党人文集》第9篇开始讨论自古希腊以来"国内派系"对民众政府造成的问题:"永远摇摆于暴政和无政府状态。"¹²普布利乌斯在当时最先进的"政治科学"的"各种原理的效能"中看到了终结这一模式的希望。他列举了其中

---

* 中译本参见〔美〕亚伯拉罕·林肯:《林肯选集》,朱曾汶译,商务印书馆2010年版,第192页。——译注

四个:"把权力分配到不同的部门……对立法加以平衡制约……法官行为良好得继续任职……[以及]实行代议制议会,议员由民众选择。"[13]这个清单的显著特征就是赋予独立的司法部门以平等的地位,在我们将要讨论的第63篇里,普布利乌斯阐述的**责任政府理论**论证了这一地位的合理性。普布利乌斯在列举的四条原理之外,还添加了一个对他而言具有足够重要性的原理,用大写的字母标示出来。他称:"我说的是**扩大**这些制度[民众政府]的运行**范围**。"这是普布利乌斯为《联邦党人文集》第10篇所作的引言。《联邦党人文集》最著名的一篇论证了"扩大范围"——或扩大的共和国——不仅是新政治科学的一个原理;它也是所有其他原理得以实现的必要条件。

II.《联邦党人文集》第10篇

《联邦党人文集》第10篇的基本论点广为人知:如果民众政府要存活下去,必须控制国内派系所造成的破坏。有两个可以控制派系的策略,第一是摧毁政治权利,这比疾病还要坏,而摧毁多样性(通过在每个人身上都培养"同样的观点、激情与利益")则是"不可行的",因为不同的观点、激情与利益"根植于人的本性"。[14]余下第二种更为可行的策略是控制派系的影响,并且,普布利乌斯表明在一个大代议制共和国中能够更好地实现控制派系的影响,在大代议制共和国,民众的多数意见通过选举产生的立法小团体而得到提

第三章　美国宪法秩序的主要特征:《联邦党人文集》中的积极宪制主义

炼,跨越多种利益的联盟纪律,使为共同善好立法以及尊重少数人权利更有希望。在这个论证过程当中,普布利乌斯暗示人权的标准及良好的公共政策(**不同于伦奎斯特**)[15]并不取决于多数意见,并以此方式界定"派系",他同时指出保卫平民政府依赖于该政府能遵循那些更高的标准。另外,普布利乌斯估计(与伦奎斯特**相反**)违背公共善好行事的多数也会形成一个派系。普布利乌斯写道:"所谓党派,据我理解,是一定数量的公民,不论在总体中占多数还是少数,受到某种共同激情、共同利益驱使,联合起来,采取行动,不顾其他公民的利益,不顾整个社会的长远利益、集合利益。"[16]他还强调了社会经济差异的重要性。他在这个问题上谈了三点内容:(1)"千差万别、互不均等的产权分配",是"党派活动最为常见,最为持久的根源",甚至比宗教及政治理念的分歧更为常见和持久,他们是巨大且潜在的灾难,以至(2)管理"这些千差万别又相互交织的[经济]利益,是现代立法的首要任务";(3)"保护人们获得产权的千差万别、无法拉平的聪明才智",是"政府的第一要务"。[17]

《联邦党人文集》第10篇论点存在的问题众所皆知。"价值中立"的社会科学家对普布利乌斯派系的定义感到不满,他们依据流行的道德怀疑主义,辩称不存在良好公共政策及超越多数人决定的少数人权利的标准。[18]这基本就是伦奎斯特的见解,我们无需在此纠结太久。因为如果怀疑主义者正确的话,就没有理由提出他们的见解、相信该见解并依此而行。民主不能当做他们的理由,除非"民主"具有某种为多数民众所不能任意决定的含义,除非多数民众不能否认民主的某种善与正当性。然而,如果民主之中的善与正当性超出了多数决定的权限,那么怀疑主义者拒斥除民主控制之外的所有含义与善就是错误的。而且,如果民主的含义与善高于民众决定,为什么自由、正义以及幸福等事物不是同样如此呢?

马丁·戴蒙德早在一代人之前提出的批评更值得我们关注,他(像苏格拉底面对神谕一样,参见第二章的讨论)对普布利乌斯既批评又推崇。戴蒙德提出一项重要的观察:范围大(largeness)并不能确保多元化——从小共和国到大共和国的转变将自动产生政治多元,而普布利乌斯解决多数派党争的方案就取决于此。[19]拥有众多人口的广阔土地可能成为诸多政治多元化的背景,例如种族、财富以及宗教的多元化。一个国家的利益群体多元化还是两极化,取决于民众在政治上如何理解自身。是什么让普布利乌斯如此确信美国民众将主要依据经济利益来理解自身,而不是以天主教徒对新教徒、黑人对白人,以及富人对穷人来理解自身。一个相关的问题是普布利乌斯对于现代政府的"首要任务"的观点,即他称管制经济冲突是现代政府的首要任务。这种冲突源于"千差万别、互不均等的产权分配",他称之为"最为常见、最为持久的根源"。但是,他还认识到社会分化的其他根源,如"对宗教、政府和其他许多观点的狂热追求"。[20]为什么他没有意识到管制这些类型冲突的必要性?考虑到《联邦党人文集》第10篇的要点正在于州政府不能像全国性政府那样很好地控制多数党派的影响,那么把这种管制交给州政府处理合适吗?如果州能够处理多数党派的宗教冲突与观念冲突问题,是什么让州不能处理多数党派的经济问题呢?普布利乌斯含蓄地依赖州处理主要的社会分化问题,却宣称这些州不能处理多数党派的经济问题,他是不是自相矛盾呢?普布利乌斯的理论足以应用于他所确定问题的全部范围吗?

我们要么放弃普布利乌斯的这一论点,要么找出能够让他从难题中解脱出来的办法。要做到后者,我们应当探究一个解释性质的问题,就像苏格拉底询问令人费解的神谕那样:普布利乌斯以下假设的条件是什么:(1)大共和国将是多元化而不是两极化;(2)在国家层面调节经济冲突将让全国性的非经济分歧得到缓解;如果我们要找到这些问题的答案,还必须探究(3)国家如何能够获取并维系这些条件?在阐明这些条件时,我们将利用并拓展戴蒙德的经典分析。

Ⅲ. 大型商业共和国

简而言之,这些条件是大型商业共和国的必备条件。[21]《联邦党人文集》第10篇设计的体制,是政治利益群体能在其中形成和重组成不同社会和立法联合(coalitions)的体制,这一体制不会将稳固的少数长期排除在外。戴蒙德展示了处于这一图景里的民众必须(1)居住在**城市—工业化社会**,由于我们的图景有着诸多政治利益群体,一个城市—工业化社会以诸多谋生途径及追求经济发展为特征。在只有寥寥数条路径通往安全与财富的地方,例如一个农业社会,那里没有很多的利益群体,因此就没有主要依据经济来定义自身的诸多政治利益群体。依据经济利益而理解其政治利益的民族,或多或少都是(2) **物质主义的民众**。他们想要强制政府确保自身的人身安全,促进自身的物质财富。如果他们关注自身的个体灵魂得救,他们不会坚持政府应当积极筹划或强制拯救邻居的灵魂。这让他们表现出(3) **宗教与意识形态的宽容**。这些民众将(4) 在诸多方面都是**民主的民众**。他们会拥护以下观点(a) 不分种族、阶层、宗教、性别的**平等的经济机会**,惟恐社会沿着这些界线两极分化。出于同样的原因,他们会重视(b) **平等的政治机会**。

为避免两极分化与怨恨政治(the politics of resentment),大型商业共和国的典型公民必须有证据表明他或她取得的成就或多或少地体现出其愿意为什么而工作。这种证据的表现形式只能是(5) **让出身贫穷(或富裕)的人拥有向上(或向下)的流动性**,不分种族、宗教以及性别,**公平分配财产与地位**。一名贫困的黑人必须知道(或听说过)许多黑人并不贫困,为的是确信种族歧视并非贫困之源。他必须能够看到贫困的人变得富裕,或富裕的人陷入贫困,为的是体会到人们通常能得所应得。这样的社会还必须是一个(6) **富裕的社会**,因为若要满足每个肯干的人的经济野心,说服人们这个体制在实际上而非只在理论中是基本公正的,就需要有大量的财富。对此,戴蒙德还特别警告,这个社会中的财富必定会增加或多或少的不确定性——这个社会必须致力于(7) **永远扩张个人与国家的财富**。[22]

戴蒙德似乎并不像他的部分同行那么看好这个大型商业共和国最后一个条件。同托克维尔一样,戴蒙德关心的是民主与商业主义培育的个人主义或利己主义,其前景能否与自治和有公德心的公民兼容。[23]其实,人们或许有足够的理由担心,若永无止境地投身于经济增长,终将导致一个全球性市场,其机构超出任何一个政府的控制之外,导致国内经济两极分化(不断增大的"收入差距")的恶化(如果原因不是由于资本首先向国内继而向国外更廉价的劳动力市场转移),导致忿恨不满的反西方文化,以西方的商品及伴随商品而来的理念作为攻击目标。技术革新和相互依存造就了极易受到攻击的国土安全,这最后的前景变得异常危险,2001年9月11日已经向美国人显示了这一点。

我们质疑第七个条件,为的是强调任何关于宪法实质目标的理论都具有临时性。我们并不认为大型商业共和国这些特征就限定了宪法序言所致力的目标。如果《联邦党人文集》第10篇所构划的体制要发挥作用的话,这些特征似乎确有必要,因此,它们也可以成为序言宗旨(正义、公共福利)那样的观念。但是,这些观念——我们这里采纳的是该术语在德沃金意义上的用法(见第二章中的讨论)——仅仅是观念;也许存在更好的观念。例如,用财富、能力以及获得幸福的手段就足以表达幸福一词也许不无争议。说到财富,只是内在善的外化,能获得或实现诸如快乐、健康、流动性以及智慧等。银行中的巨额存款会让大富翁或吝啬鬼免遭苦难吗？在主要用精神成就来定义幸福的情况下，民众会更加富有吗？或者再次变得更加富有吗？如一些当前研究所建议的那样，少一点经济流动性，多一些稳定的家庭、友谊与社区，民众是不是更加幸福？[24]

假定这一宪法是名副其实的——是实现诸如人民福利这类宗旨的工具，并且承认在幸福的观念与真实之间存在裂隙，你就可以得出这样的结论：真正幸运（well off）的人是有能力像建国先贤那样行事的人，即对他们的问题进行评估，从而设计出新的制度。一部能与真正目标（包括寻求此目标的最佳理解）相称的宪法，必然具有能适应社会与政府建设性变化的能力（包括宪法改革）。我们对美国人是否依然拥有此种能力尚存疑虑。[25]但是全民福利（national well-being）的这个要素——建设性改变的能力——使政府目标必须包括言论自由、出版自由、政治结社自由、宗教结社自由、学术研究自由，以及所有与这些自由相伴而来的，诸如政治与社会的多元化、恪守宽容、公共理性的政治。由此看来，言论自由、宗教自由以及其他自由不仅仅限制我们民众的集体力量——它们是这类力量的元素，没有它们，我们就不能追求与表面之善相对照的真正之善。就像是德沃金思想实验中令人钦佩的建国者[26]，我们的态度与行动证实了我们真正感兴趣的，正是我们所说的公平本身，而非我们关于公平的观念。当我们在告诉孩子要公平对待他人时，我们绝不会承认我们这样做是在向他们显示我们的权威。这就是我们不愿被认为我们只是在坚持公平观念的原因。因此,我们的教导将会成为好父母应有的一部分:试图引导我们的孩子变得尽可能地优秀,而不是树立某种权威或者自恋地使他们成为老一辈的翻版。

美国宪法反映了这种普遍的世界观以及人类在其中的位置。宪法作为西方传统的制成品,保留着对人类易错性及更高权威(要么是"自然",要么是"自然的上帝")规范性的理解,这样的理解同样存在于西方传统中的人文主义和基督教分支中。早在荷马时代便开始形成的这一传统的特征之一,便是对一个群体能够认识和接受信仰、实践也会犯错的能力引以为傲。较大共同体往往通过某些个体的帮助意识到这一事实,这些个体就像是苏格拉底、19世纪废奴主义者这样不受欢迎的少数派以及20世纪的民权领袖。当个体或少数派勇敢面对"社会不满的危险",并且改变公众的信念与愿望,共同体最终会赞誉他们是恩人,甚至是英雄。[27] 其实,普布利乌斯在好几处都间接提及苏格拉底。[28] 因为西方从文明之始就认为真理的价值高于习俗,并把持异议的个体与真理联系起来,个体具有值得尊敬的可能性。对这种可能性的承认反映在美国法律中,特别是《权利法案》以及内战修正案中。

总而言之,我们可以暂将宪法序言列举的政府目标认作是大型商业共和国的若干要素(例如增长、机会平等、繁荣、财富及机会的公平分配、向上的流动性等)。它们包括保障在政治决定当中与探寻真理联系在一起的权利(例如言论自由),以及刑事司法与民事司法(例如正当法律程序);包括尊重真理的潜在代表者:那些不同于普遍看法的个人或少数派,这些人能够教导共同体一些更好的内容,或鞭策共同体遵守其中最佳的判断,尊重自身的信念与愿望。

Ⅳ. 活力政府与责任政府

离开第 10 篇,我们对《联邦党人文集》的简介转至第 15 篇,这是普布利乌斯对《邦联条款》最重要的批评。大体而言,我们知道《邦联条款》不能满足国家所需。如果我们能掌握更多细节,就能更好地理解按照宪法所创制的政府结构,因为我们可以假定新政府的设计是为了避免旧政府的弊端。

《联邦党人文集》第 15 篇讨论了"体制上巨大和根本的缺陷"或《邦联条款》的"结构",即大陆国会通过的法律不能直接适用于公民个体,只能直接适用于各州。[29]根据《邦联条款》,大陆国会的法律采取请求或"要求"(requisition)州进行立法的形式,要求的事项诸如各州以国会所需的款项偿还战争债务、支持驻外大使及大使馆、保护西部边界的移民、支付国内立法机构与行政机构官员的薪金与费用。这一要求缺少对不服从行为可信的武力威胁(credible threats of force)作为支撑,州并不及时充分地承担责任,国会的目标遭受挫败。普布利乌斯在这个结构性缺陷背后识别出一个哲学错误:自觉遵守法律的信念引人入胜,以至于人们认为它足以免除对不服从者的有效、可信的武力威胁。这一结构—哲学性的错误使邦联丧失了普布利乌斯所谓的"政府的活力与效率"。[30]

准确地说,普布利乌斯首要关注的是对强有力政府的需求,因为他是一个积极宪制主义者。也就是说,普布利乌斯认为宪法是将积极的责任加诸政府、让政府追求特定目标的手段。宪法并不是消极自由的宪章,主要目的在于限制政府,使民众免遭政府侵害。[31]《联邦党人文集》第1篇第一句话就呼吁一部新宪法来纠正"目前邦联政府的无能"。[32]与此呼吁相对应,我们看到普布利乌斯一个非常重要的断言:"为了保障公民权利,政府必须有权有效;仔细斟酌,就会得出有据判断:政府有权有效,公民享受权利,两者可兼而得之;害民野心,常隐于为民请命的美丽面具后,不大藏在主张政府有权有效的严峻外表下。"[33]《联邦党人文集》第15篇让我们想起开篇的主题,同时提出了两个问题:(1)是什么或是谁提供政府活力?(2)这种活力被导向何种目标?

戴蒙德用他的大型商业共和国及其相关目标的理论回答了第二个问题:美国政府的目标在于实现宪法机制成功运作的社会条件;这些社会条件包括经济增长、重视经济与政治机会公平的民众、团体中的民众或多或少地意识到他们为之效力的是什么。戴蒙德的朋友兼同事赫伯特·斯托利回答了第一个问题:普布利乌斯将总统放置于运用政府主动权的最佳位置,宪法是一个**总统制**政府的方案。[34]

《联邦党人文集》第15篇中讨论且在接下来的几篇文

章当中详细说明的那种力量是**消极的力量**(negative energy),强制那些违法者服从法律。当普布利乌斯转而论述授予新政府的特定权力时,一种不同的力量出现了,这是一种在授权制定特定法律(例如商业管制)或授权采取特定类型行动(如宣战)意义上的权力。普布利乌斯在《联邦党人文集》第 22 篇一开始就为第一条第八项商业管制的权力进行了辩护,依据的理由是在与其他国家或联邦内的州打交道时,有利于国家的贸易和金融稳定。他接着为"招募军队的权力"进行辩护,使用了"有力的……节省的[全国性的]防御系统"[35]的措辞。这些引证的逻辑在《联邦党人文集》第 23 篇中得到了详细说明:**为了实现目标而授予权力**。在这篇文章当中,普布利乌斯对批评者几乎按捺不住焦躁的情绪,这些批评者称新政府拥有太多权力。普布利乌斯回应道,批评者首先必须搞清楚他们希望从新政府获得什么。如果他们想让这个政府提供国防、稳定的国内市场以及与他国良好的经济、政治关系,那么结论是"应该授予这个政府完成委托所需的全套手段"。[36]他称这一结论"建立在单纯且普遍的公理基础之上:**手段**应与**目的**相称,指望一批人实现目的,必须赋予他们相应的**手段**"。他接着称"**不可能预测**"需要多少权力,因为"**国家的紧急需要,多种多样,手段也应该多种多样,才能满足这些种类繁多的需要**"(黑体为普布利乌斯所加)。他将这一主张不仅运用到国防上——这是更多人更为接受的领域,还将其运用于"商业,以及[新政府]权限所及的其他问题上"。[37]所以,我们在这里发现了**积极的**

力量：制定法律及行动的力量，以追求所建政府迫切需要的东西(desiderata)。

普布利乌斯认识到政府权力虽必不可少，同时也是危险的，因为权力具有被滥用的可能性。他对于这一问题的解决方案，并不是将权力从新政府手中收回，而是利用使滥用权力的可能性较少或更容易察觉与补救的方式，来安排政府的"内部结构"。[38]在普布利乌斯完成对新政府"分配的许多权力"的冗长讨论后，他转而讨论政府的"内部结构"以及宪法"许多权力在[政府的]组成部分当中的分配情况"。[39]

《联邦党人文集》第47篇一开始就承认"把全部立法、行政、司法权力集中，不论交给一个人、少数人还是许多人，不论实行世袭制、自我任命制还是选举制，都可恰如其分地称之为暴政"。[40]如何将政府的各个部门固定在它们规定的位置上，是普布利乌斯当前的问题。他继而拒绝了依靠某种形式的公民道德和官员道德的解决办法。他将依靠的既非当选官员自觉守法(《联邦党人文集》第48篇)，亦非公众对宪法界线的忠诚(《联邦党人文集》第49、50篇)。"权力具有一种侵犯性质，"普布利乌斯在《联邦党人文集》第48篇中写道，它过于强大，不能仅凭"纸上的界线"[41]加以约束。尽管如此，《联邦党人文集》第49篇称："不仅……新的政府权力，而且在任何[政府]部门侵犯其他部门的既定权力时，求助于同一原始权威[例如，人民]似乎是完全符合共和政体理论的"，最终民众"绝不可指望会根据真正的是非曲直"来判断政府部门之间的宪法冲突。[42]诉诸民众确保了"参与裁决的是公众的**情感**……而不是**理智**",因为民众的判断"必然会与预先存在的党派精神有联系……与问题本身产生的党派精神有联系"。[43]

对于"在实践上保持理论上所述的[权力]分立"[44]这个问题,普布利乌斯在《联邦党人文集》第51篇进行了解答,他称:"按这样的方式来划分和安排[政府的]某些公职,以便彼此有所牵制。"这种互相制约的体制并不是美德制约野心的体制,而是"野心必须有野心来对抗的体制"。其"赋予各部门主管官员必要的宪法手段,使他们各自具备个人动机,抵御其他部门蚕食他们的权力"。采取的是这种方法,"个人利益,要与宪法授予的职权结合起来"。[45]

人们普遍认为著名的制衡理论表达了一种消极的政府观。它关注的不是政府保障的美好事务,诸如国家安全以及稳定的国民经济,而是政府权力的滥用以及如何防止这一滥用。因而,制衡通常与对国家权力其他形式的约束联系起来,例如《权利法案》中的条款,以及许多人视为防止联邦侵犯的第十修正案的"州权"保障。但是,普布利乌斯的制衡是(1) 更宏大宪法理论的一部分,该理论的要点显然是积极的,并且,正如斯托利观察到的,更仔细地审视这个理论会发现(2) 与**为了追求美好事物的政府力量**[46]这个肯定性的主题联系起来。关于第一点,令人想起普布利乌斯将制衡视作一个从新政府手中收回权力的替代方案。在普布利乌斯的计划中,制衡体制的先决条件,是依据宪法宗旨制定和执行强有力政府所需要的法律。因为它以强有力政府为先决条

第三章 美国宪法秩序的主要特征：《联邦党人文集》中的积极宪制主义

件，所以制衡体制并不是强有力政府的对立面；它在为政府指引合适目标的意义上约束政府。

关于第二点，普布利乌斯思考的内容要比"给予各部分以同等的自卫权"[47]更多一些。回想《邦联条款》之下国家在州政府之上的经验，由于立法权力对公众的即时需求过于敏感，这种专横的权力损害了公众的长期利益，普布利乌斯对此深感恐惧。他在《联邦党人文集》第48篇中称："立法部分到处扩充其活动范围，把所有权力拖入它猛烈的旋涡中。"[48]在同一篇目中，普布利乌斯援引了托马斯·杰斐逊对相似结果的观察，并且引述了杰斐逊的名言："**一个选举的专制政体**并不是我们争取的政府"。[49]所以，当普布利乌斯转向如何划分各政府部门的权力这一问题时，《联邦党人文集》第51篇中称"给予每个部门以同等的自卫权"是不充分的，"……[因为]在共和政体中，立法权必然处于支配地位"。[50]普布利乌斯"补救这个不便的方法"主要是分开与弱化相对于(vis-à-vis)总统的国会，以及使相对于国会的总统坚强有力。这个策略的要点之一便是让总统的任期与权力在很大程度上独立于国会。而这种独立的行政权力将被证明是新政府活力的主要来源。

这既不是要贬低国会，也不是要贬低立法程序，因为总统在立法程序当中扮演重要角色，只有长期目标被写入法律，或得到唯有国会才能制定的法律（不考虑行政命令）的支持，总统才可能实现这些目标。但是，宪法设计了一个两院制的联邦议会，这样的议会因为两个部分不同的机构文化,以及需要将不同的利益群体整合成一个统一的多数派所作出的各种妥协,得出结论通常会很慢。然而,当国家需要快速向前发展或处于立法僵局时期——最需要政府的时刻——缓慢的立法程序就没有好处了。所以,当普布利乌斯讨论完邦联的缺陷、新政府的权力以及国会的结构之后,他在《联邦党人文集》的第70篇又再度讨论活力的主题,这是致力于讨论新政府行政权力的11篇文章中的一篇。

第70篇的开篇是《联邦党人文集》当中最生动、最能说明问题的部分,需要予以特别关注。在这里,普布利乌斯事实上称如果强有力的行政与民主格格不入,那就无法保卫民主。普布利乌斯称"行政部门强而有力,是决定行政管理完善与否的首要因素",对于从国防到国内财产权与自由权的保护等一系列国内外目标而言都是必不可少的。[51] 就这些目标而言,普布利乌斯并没有说明行政部门需要怎样的强而有力,但在对一名共和党政治家的出色评论当中,普布利乌斯带着明显地赞许注意到罗马是多么频繁地"不得不庇护于某个人的绝对权力,依靠独裁者这一可怕头衔"。[52] 无须"在这个问题上提出更多的论点和实例",普布利乌斯称"软弱无力的行政部门必然造成软弱无力的行政管理,而软弱无力的行政管理无非就是管理不善的另一种说法而已;管理不善的政府,不论理论上有何说辞,在实践中就是个坏政府"。他随后列举了"使行政部门强而有力所需要的因素"(统一、稳定、充分的支持以及足够的权力)[53],并且在接下来几篇文章继续讨论其中每一个因素。

第三章 美国宪法秩序的主要特征：《联邦党人文集》中的积极宪制主义

从普布利乌斯论证当中的这一点来看，他显然将**强而有力的行政部门**视为是**强而有力的政府**所必需的。但是，前者是不是后者的主要来源则未必清晰，因为强而有力的行政部门也许意味着强有力且忠诚地执行某更高权威（superior authority）的政策。普布利乌斯在《联邦党人文集》的第71篇打消了这一想法。在这里，普布利乌斯观察到有些人认为"行政部门一味顺从盛行潮流，不论来自民间，还是来自议会，是其最大的美德"。普布利乌斯称："但是，此种人对于所以要设置政府的宗旨，以及对于促进人民幸福的真正手段，都理解得十分粗浅。"他接下来论证道："共和制度的原则"，也许需要舆论最终应控制政府，但政府该部门不需要"无条件顺应［民众］的一切突发激情……或……冲动"。[54] "在民众的意向同他们本身的利益［例如，真正的利益］出现差异的情况下，受命维护人民利益者的职责应该是抑制这种一时误会，以便给予民众时间和机会去进行冷静认真的反省。"[55] 在这里，普布利乌斯不仅是在为自己辩护，而且是在为民众辩护，至少是在为那些当之无愧替自身及子孙后代建立政府的民众辩护。普布利乌斯称"**人民总在追求公共利益**"，但是他们仍然"从自己的经验知道他们有时候是会犯错误的"，偶尔，当政治领导人"使［人民］免遭其本身错误而造成的严重后果"，人民形成了"对那些有勇气和胸襟为人民利益服务而不惜导致人民不快的人的长期感激和纪念"。[56]

在指望总统提供政府追求目标所需要的能量时，就完整意义上"负责"一词的含义而言,普布利乌斯留心于最**负责**的政府部门。普布利乌斯在《联邦党人文集》第63篇中陈述了政治责任的思想,这篇论文讲的是新参议院对于国家的益处。[57]普布利乌斯在这里主张,参议院比起众议院来是更负责任的立法部门。这似乎是自相矛盾的,因为众议院承担着更大的**责任**——要求其议员每两年就要争取连任,与参议员的六年任期形成对照,而且要求其成员具有更小的选区(是一个地区,而不像参议员的选区那样是整个州),以确保回应舆论的能力。看上去是自相矛盾的,但参议员更长久的任期以及州范围内的选区、参议院较小的规模(今天,相较于435名众议员,参议员的人数是100名),再加上参议院诸如批准条约以及批准总统的任命等附加职能,这些结合在一起使得参议院成为比众议院承担更大责任的机构。

普布利乌斯通过分析责任的概念进行解释。套用他的分析,责任通常是**对**某人**为**某种结果而负责。从宪法的书面文字来看,全国性政府**对**美国人民**为**追寻真正的善这一宪法目标而负责——也就是说公众在任意时刻都会错误地理解善。在这些情况之下,一个完全负责的政府必定会使责任的两个支柱和谐一致,即责任中的"对"(to)与"为"(for)。为了做到这一点,在朝向公共真实利益的方向上,政府将不得不反对舆论并改变公众的想法。所以,充分负责的政府的功能在本质上是具有教育意义的;充分负责的政府会让民众了解自身真正的利益,或(在这个不完美的世界上)了解当前这些利益观点的最佳论证与证据是什么。

参议院比众议院更负责任,因为人们可以公正地认为一个代理人(an agent)在此条件之下是担负责任的。普布利乌斯在《联邦党人文集》第63篇中认为,除非对某些委托人(principal)而言代理人是**可见的**(visible),否则该代理人不能公正地**对该委托人负责**。(让四个水管工来修理一个漏水的龙头,很难搞清楚到底是谁做了这项工作。)除非代理人拥有完成工作的手段,否则一个委托人认为该代理人为此项工作负责也是不公正的。(人们不会期待电工去修理漏水的龙头。)公正地让代理人对一项工作担负责任,他就必须具有**权力**和**可见性**。参议院更满足这两方面的条件。因为参议院拥有更长的任期与附加的职责,所以更有权力。每名参议员还是更小立法团体中的一员,这让他们更加可见。[58]

与参议院比众议院更负责任的原因相同,总统比议会更负责任。在这一体制下,相较于总统,没有任何官员有更多的可见性,也没有任何官员有更多的权力。的确,国会可能拥有更多**正式的**(formal)权力,但总统在立法过程中是最重要的单一参与者(single actor),并且总统比其他任何官员都享有更多的**战略性的**权力(strategic power)。国民在亚伯拉罕·林肯以及富兰克林·罗斯福的总统任期内认识到总统战略性权力的重要性。林肯和罗斯福行使的这种权力不会让《联邦党人文集》第70、71篇的作者感到惊讶。国民在乔治·布什的第一届总统任期内汲取到同样的经验。

我们以普布利乌斯责任政府理论的两个要点作为总结。

有些人无疑会说责任政府理论与民主制格格不入。对于这些称责任政府理论不是民主制真正朋友的人,普布利乌斯能够作出这样的回应。这些人要么(1)对于像正义、公共利益这样的善,否认存在客观上更好的观点,或(2)间接否定民主制可以追求这些更好的观点,并且相应地调整自身制度,以此攻击民主制。如果否认正义好于不义,或否认对于正义及其他善而言不存在更好或更坏的观点,就可以消除对于民主制的攻击。但是,如果正义并不比不义好,或对于这些善而言没有是非观点可言,那么民主制也不比专制更强,而且民主制就意味着某些权力的随心所欲。难以理解一个民主制的友人何以能够接受任何诸如此类的怀疑立场,因为这些立场让我们没有理由善待民主制。

最后,我们应当注意普布利乌斯的责任政府理论对于美国司法权力的意义。亚历山大·比克尔是20世纪后半叶最具影响力的宪法理论家之一,他是一个道德怀疑主义者。[59]他对诸如正义及公共福利这样的善都持否定态度,并且不承认我们拥有的这些观点在客观上存在高下之分。这导致比克尔极其反感联邦最高法院的权力,因为在他看来,联邦最高法院用自身对平等保护、正当程序等宪法原则的观点,取代了州和国家层级的民选官员对前述原则的观点。[60]因为,正如德沃金所正确指出的那样,代表宪法原则的司法确信以"一定客观性"的道德原则为先决条件。[61]如果一种自由观与另一种不分高下,那么联邦最高法院就没有理由用自己的观点取代某立法机构的观点,无论后者的观点是什么。然而,比克尔在其职业生涯当中一度想要维护沃伦法院,这主要是因为沃伦法院在**布朗诉教育委员会案**(1954)[62]当中英雄主义式的判决。所以,比克尔的问题就是如何支持联邦最高法院的权力以正义之名勇敢面对舆论,即使他认为有关正义的看法并不存在客观上更好的观点。他针对这个问题的著名术语是"反多数难题"[63](在民主制下司法审查所提出的难题)。并且,比克尔针对这个难题提出了一个解决方案,这个方案的错误与其在法学界(法学界曾经并且仍然像比克尔那样对宪法原则的哲学地位表示怀疑)所获得的成功一样多。[64]

与比克尔不同,普布利乌斯没有被"反多数难题"提出的司法审查观所羁绊。在《联邦党人文集》第78篇,普布利乌斯公开驳斥了司法审查是不民主的论点,辩称司法审查并非意味着司法权力的至高无上,而是宪法的至高无上:宪法体现了"我们人民"这个更高法,高于作为人民代表的立法机关制定的法。[65]另外,普布利乌斯认为宪制政府的任务是引领舆论,而不是遵循舆论——任务是通过让舆论与客观的是非标准相吻合从而改善舆论。与比克尔不同,普布利乌斯认为,如果民主制不能与更高的政治道德标准相吻合,那它就站不住脚。普布利乌斯的司法审查理论是其责任政府理论的一部分。[66]普布利乌斯将司法审查理解为能够让民众就真实利益形成明智判断的制度之一。尽管普布利乌斯很可能会对这些年以来联邦最高法院的某些判决感到失望——因为联邦最高法院在正义或公共福利问题上可能是错误的——但他不会抱怨联邦最高法院是一个非民主的机构。普布利乌斯会将司法审查看做是美国民主重塑向世界展现的公正形象的方式之一,或如德沃金所说,这是能让宪法做到最好的制度之一。[67]

到目前为止,我们的重点是**什么**是宪法这个基本问题的某些方面,附带讨论了我们应当**如何**解释这部宪法。在本书的其余部分,我们将以"如何"问题作为重点,紧随其后的是宪法解释方法相互竞争的问题。

---

[1] 参见第二章。

[2] *The Federalist*, ed. Jacob E. Cooke (Middletown, CT: Wesleyan University Press, 1961).

[3] *The Federalist* No. 1, at 6.

[4] *Id.* at 5-6.

[5] *Id.* at 3.

[6] 德沃金所设想的宪法基本点是通过保障个人权利来约束政府,参见例如 Ronald Dworkin, *Taking Rights Seriously* (Cambridge, MA: Harvard University Press, 1977): 266-78. 伦奎斯特在代表联邦最高法院于 DeShaney v. Winnebago County Department of Social Services, 489 U.S. 189 (1989) 的意见中,明确提出作为保障个人对抗政府的否定性权利宪章的宪法理念。

[7] 这或许就是为什么普布利乌斯在《联邦党人文集》第 1 篇对限制政府不置一词,并且在其余部分也论述得相对较少的原因。

[8] 参见 Sotirios A. Barber, *Welfare and the Constitution* (Prince-

ton, NJ: Princeton University Press, 2003)(与消极自由观相反,为积极利益的宪法观辩护)。

[9] Abraham Lincoln, "Message to Congress in Special Session, July 4, 1861," in *Abraham Lincoln: His Speeches and Writings*, ed. Roy P. Basler (New York: World Publishing Co. ,1946): 594, 607.

[10] West Coast Hotel v. Parrish, 300 U.S. 379, 399 (1937).

[11] *The Federalist* No. 6, at 28 29.

[12] *The Federalist* No. 9, at 50.

[13] *Id.* at 51.

[14] *The Federalist* No. 10, at 58.

[15] 参见第二章。

[16] *The Federalist* No. 10, at 57.

[17] *Id.* at 57-59.

[18] 参见例如 Robert A. Dahl, *A Preface to Democratic Theory* (Chicago: University of Chicago Press, 1956): 25-32。

[19] Martin Diamond, "*The Federalist*," in *History of Political Philosophy*, ed. Leo Strauss and Joseph Cropsey, 2nd ed (Chicago: Rand McNally, 1972): 631, 648.

[20] *The Federalist* No. 10, at 58.

[21] 近期对于普布利乌斯大型商业共和国理论的重构,参见 Stephen L. Elkin, *Reconstructing the Commercial Republic: Constitutional Design after Madison* (Chicago: University of Chicago Press, 2006)。

[22] 戴蒙德对"大型商业共和国"的独创性解释,参见 Diamond, *supra* note 19, at 648-50。

[23] Martin Diamond, *As Far as Republican Principles Will Admit: Essays by Martin Diamond*, ed. William Schambra (Washington, DC:

AEI Press, 1992): 159-61（对 Alexis de Tocqueville, *Democracy in America* (1840): Vol. II, Part II, Chapter 4 的评论）。

[24] 参见 Robert E. Lane, *The Loss of Happiness in Market Democracies* (New Haven, CT: Yale University Press, 2000): 3-10, 19-31, 60-76, 88-98, 102-19。

[25] 许多人因宪法第五条对宪法正式修改的严格要求提出批评，参见例如 Sanford Levinson, *Our Undemocratic Constitution* (New York: Oxford University Press, 2006): 20-24。Lawrence Sager 认为，相较宪法修改的简便易行而言，宪法第五条的刚性鼓励和培养了对宪法权利保护条款及权利授权条款"枝繁叶茂"的解释。Lawrence G. Sager, *Justice in Plainclothes: A Theory of American Constitutional Practice* (New Haven, CT: Yale University Press, 2004): 76-77, 214-19. 这种刚性强调了宪法作为一部一般及抽象原则的宪章，与特定原初意图、含义及适用的规范相对照。因此，宪法第五条为 Sager 所谓的追求正义的宪制主义及我们所谓的哲学进路提供了保证。

[26] 参见第二章。

[27] *The Federalist* No. 71, at 483.

[28] *The Federalist* Nos. 63, 71.

[29] *The Federalist* No. 15, at 93.

[30] *Id.*

[31] 普布利乌斯的观点与伦奎斯特在凯西案中"消极自由"的观点相反。*See supra* note 6.

[32] *The Federalist* No. 1, at 3.

[33] *Id.* at 5-6.

[34] Herbert J. Storing, "The Problem of Big Government," in *A Nation of States: Essays on the American Federal System*, ed. Robert A.

Goldwin (Chicago: Rand McNally, 1974): 67.

[35] *The Federalist* No. 22, at 137.

[36] *The Federalist* No. 23, at 147.

[37] *Id.* at 147, 149.

[38] *The Federalist* No. 51, at 347-49.

[39] *The Federalist* No. 47, at 323.

[40] *Id.* at 324.

[41] *The Federalist* No. 48, at 332, 333.

[42] *The Federalist* No. 49, at 339, 342.

[43] *Id.* at 342-43.

[44] *The Federalist* No. 47, at 331.

[45] *The Federalist* No. 51, at 349. 有人认为,考虑到政党的发展,普布利乌斯的分权及制衡理论是落伍的理论。参见例如 Daryl J. Levinson & Richard H. Pildes, "Separation of Parties, Not Powers," *Harvard Law Review* 119 (2006): 2311。

[46] See Storing, *supra* note 34, at 83.

[47] *The Federalist* No. 51, at 350.

[48] *The Federalist* No. 48, at 333.

[49] *Id.* at 335(黑体为普布利乌斯所加)。

[50] *The Federalist* No. 51, at 350.

[51] *The Federalist* No. 70, at 471.

[52] *Id.*

[53] *Id.* at 471-72.

[54] *The Federalist* No. 71, at 482.

[55] *Id.* at 482-83.

[56] *Id.*

⁵⁷ *The Federalist* No. 63, at 423-24.

⁵⁸ 根据原先的宪法,参议员是由州立法机构选举的。根据第十七修正案,我们如今拥有了各州民众直接选举出来的参议员。与处于原先宪法之下的参议员相比,如今的参议员对舆论的反映更加灵敏,这个事实不会改变我们的主张,即在普布利乌斯看来,参议院依然是比众议院更负责任的机构。

⁵⁹ Alexander M. Bickel, *The Least Dangerous Branch* (Indianapolis, IN: Bobbs-Merrill, 1962) [以下称 Bickel, *The Least Dangerous Branch*]: 42, 199, 226; Alexander M. Bickel, *The Morality of Consent* (New Haven, CT: Yale University Press, 1975): 23-25, 123.

⁶⁰ Alexander M. Bickel, *The Supreme Court and the Idea of Progress* (New York: Harper & Row, 1970): 45-100.

⁶¹ Dworkin, *supra* note 6, at 138。参见第二章中的讨论。

⁶² 参见 Edward A. Purcell, Jr., "Alexander M. Bickel and the Post-Realist Constitution," *Harvard Civil Rights-Civil Liberties Law Review* 11 (1976): 521, 524; Alexander M. Bickel, "The Original Understanding and the Segregation Decision," *Harvard Law Review* 69 (1955): 1。

⁶³ Bickel, *The Least Dangerous Branch*, *supra* note 59, at 16-18.

⁶⁴ 参见 Sotirios A. Barber, *The Constitution of Judicial Power* (Baltimore: Johns Hopkins University Press, 1993): 147-78。

⁶⁵ *The Federalist* No. 78, at 524-25.

⁶⁶ For detailed argument, see Sotirios A. Barber, "Judicial Review and *The Federalist*," *University of Chicago Law Review* 55 (1985): 836.

⁶⁷ 参见第二章。

下 篇

第四章
宪法解释的方法

现在,我们转入宪法解释的进路。我们要问"字面文意主义"方法、"结构论"方法抑或其他什么方法能否有助于释宪者解决诸如以下难题,比如正当程序条款中规定的"自由"是否保护女性自主决定终止妊娠的权利?[1]或者保护个人结成同性恋关系而不必担心遭到刑事起诉?[2]

实际上,我们到目前为止一直在讨论解释的问题。我们在谈到伦奎斯特、德沃金和普布利乌斯时,发现德沃金赞同对宪法难题采取"哲学的"解释路径,而伦奎斯特则声明他力挺历史主义或者"原旨主义"方法。我们看到普布利乌斯的解释进路更倾向于德沃金而非伦奎斯特。但是,为了防止在"解释的进路"上走失,我们有必要先审慎地考虑如下问题。

I. 有关解释方法的保留

讨论解释方法难免会得出令宪法讨论相当尴尬的结论。之所以会产生这一问题,原因主要来自两个方面:"方法"一词是一个受时空条件限制的"暗喻",它的内在逻辑很难"无缝地"转换至没有时空条件限制的语境中。此外,方法永远都是通往除它自身以外的其他事物的道路。一个人不踏上通往罗马的道路，就永远不可能到达罗马——而这一过程往往还意味着这个人需要决定怎样才能到达目的地。但是，一旦转换了空间，我们对事物的理解很可能就不完整了。由此，我们有理由反对这样的结论，即：不确定解释宪法的方法，我们就无法理解宪法。确定宪法含义的方法和各类派别差异联系在一起，这其间既有政治派别的差异，也有哲学派别的差异，以及前两者的综合。伦奎斯特的历史或原旨主义路径就与道德怀疑主义和政治保守主义观点有着盘根错节的关系，德沃金的哲学进路则与道德客观主义和政治自由主义观点天然契合。解释方法往往会产生先入为主的效果，让我们很容易得出如下结论：我们对于宪法的理解不可避免地受到某些派别公开表达的观点的影响。这一结论是不争的事实，但人们很难毫无心理障碍地承认它，因为，我们不会承认我们自己的宪法观无论在哪一方面都是有派系之分的。

如果我们对于宪法的认识、理解或者直觉都受制于某些派别的观点——不妨将其称为"路径假想"（approach hypothesis）——我们不能寄望说，"宪法本身"预先设定了某一特定的解释方法。尽管伦奎斯特偏好某一方法，德沃金赞同另一方法，但两人都不能说宪法就站在自己一边了。问题在于，如果宪法本身没有预设某一种特别的方法，我们又如何决定最好的解释方法是什么？我们或许可以先考察一下哪一种方法最符合其他标准，比如正义，然后再从中选择某一方法。但是，如果我们对于宪法的认识不得不依赖于先前已有过的路径选择,那么我们的正义观或者坚持的规范性标准又会有何不同呢?路径假想因此得出了这样的结论:无论我们是否意识到了,我们关于宪法的认识(尤其是那些有争议的观点)最终只能是出自主观决断。这一路径假想的必然推论与我们在宪法问题上的讨论——包括"哪种解释方法是最好的"这样的问题——设定的前提是相反的;因为忠实于宪法的讨论是不可能发生在相信自己的立场是主观的参与者之间的。因此,一个非常看重解释方法的规范主义理论家就没法说话了。就算她参加的讨论假定了是有事实真相、或者对事物的最佳理解存在的,或者假定了对个人信仰和行动的最佳解释是有规范效力的,她也有可能否决掉所有这些可能性。

研究规范问题的学者们如果过度重视方法问题,也有可能错误描述那些日常行为的表面现象,也就是那些构成宪法的**方法论前意识**(pre-approach awareness)的证据。除了研究宪法理论的学界人士外,普通的律师、法官、政客以及公民会把他们的时间更多地用来讨论第一序列、或者宪法的实体性问题,比如宪法对于保障言论自由、不受非法搜查逮捕、战争问题等是如何规定的;而第二序列,或者涉及原旨主义、结构主义、哲学进路及其他如何解决第一序列议题的方法等解释性问题则屈居其后。并且,即使普通的律师、法官、政客以及公民近年来日渐关注到第二序列问题时,他们依然认为存在着很多关于宪法本身的方法的前理解。因为他们讨论的是关于某一特定事物的方法,而且他们也不可能去讨论他们没有任何认识的事物。

　　这种宪法的方法论前意识在讨论者来说是同一回事吗？也就是说，讨论各方所持有的方法论前意识都是一样的吗？对于典型的讨论者而言，似乎是这样的。因为她会相信，她采用的解释方法所针对的那个"宪法"，并非她个人所理解的宪法。证据就是讨论者们的典型说法。讨论者不会说"X是根据我个人所理解的宪法的最佳解释方法。"她会说，"X是宪法的最佳解释方法"。如果她说的是前一句话，那就等于她在政治上什么也没说。

　　关于宪法的方法论前意识还和另一种可能性有关，这种可能性很容易被那些接受了路径假想的人所忽视。这种可能性提示我们：不是只存在唯一合理的方法（或者方法的合用）。在律师、法官、政客或者公民的日常生活中，我们对宪法的认识总是从无意识的、觉得毫无问题的印象开始的；逐渐地，才会慢慢进入到宪法在特定政治议题上意味着什么的难题中。这些关于宪法含义的难题有很多种类。有的情况下，我们在从哪儿以及如何找到宪法含义问题上看法一致，但对宪法的含义各执一词；有的情况下，我们甚至连从哪儿以及如何找到宪法含义问题都不能求得一致意见。举例来说，现在我们基本都认同宪法第一条第八款中所涉的"缉拿敌船许可证和报复性搜捕证"属于历史上存在过的搜查证，如果是这样的话，那我们再窝在一起争来吵去就毫无意义。我们应当查找相关资料，如法律词典或记录这一证件用法的法律摘要，来考察该术语的语义。但是，当我们面对的问题是诸如"法律的正当程序"和"法律平等保护"等条款的含义时,做法就完全不同了。

有些学者认为,"平等保护"和"正当程序"指的是关系与过程的客观属性,或者是更具真实性、客观性、合理性的关系与过程的版本。比如,他们相信,希特勒的平等保护和正当程序就是错误的,就算他的法西斯主义能垄断世上所有的观点市场。这些学者在追问这些宪法概念的真实含义或最佳理解时,服膺于道德哲学的指引。而别的学者则否认"平等保护"和"正当程序"具有除了主观判断上的共识或某个人、某些群体的主观偏好以外的任何特性。这些作者可能会选择非哲学化的方法,比如历史考察、自省或者推测能迎合读者的偏见的那些东西。[3]

我们绝不是要把哲学解释进路和非哲学解释进路当做彼此隔离、个人选择的方法,因为(我们认为)凡负责任的分析家都不会无视德沃金呼吁的对宪法的道德哲学思考。[4]我们这样说是因为,无论一个人采用什么解释方法,哲学选择在某个层面上来说都是不能回避的。而且,我们相信,这样的选择就意味着遵从哲学过程,必然需要加以明确且论证。但是,这种不可避免的哲学假定并不意味着我们就要把所谓的"哲学进路"与其他方法的视角、认识及目标割裂开来。举例而言,在考察"平等保护"条款适用于肯定性行动(affirmative action)时,如果不参考该主题在历史上与当下的观点,不结合司法先例、不同政策的可能后果,以及他国经验,我们是无法找到"平等保护"的真实含义的。我们这样做的一个原因是,平等保护条款是宪法的一部分,而宪法承诺了比平等保护更多的内容。它承诺了平等保护要求兼顾其他好处,而我们如果忽视诸如先例或者政策后果,这样的努力就可能终告失败。[5]所以,我们接受德沃金的观点:忠于宪法要求的不仅仅是采用哲学进路寻找宪法含义,而且要求把哲学进路和其他方法融合在一起加以运用。

我们将在本书其后部分再详谈这一多种方法的结合。现在,我们想要指出,宪法的序言是如何支持方法的合流的。序言写道:(1)我们人民……(2)为了……(3)树立正义……确保安宁(4)为我们自己以及子子孙孙,特制定(5)美利坚合众国宪法。命题(1)和(4)指出了宪法的制定者,或者毋宁说提出了与宪法制定者相关的问题,即,谁是这里的"人民"?如何把制宪者和其他人区分出来?制宪者代表谁?制宪者以其自身及过去足以表明他们是统一的,由此是否可以为他们的所有后代设定一套特定的目的?有什么理由让我们相信制宪者在将来也会是统一的?命题(2)暗示了宪法的工具层面。它令我们反思对宪法工具性规范(instrumental norm)的解释,以及是否存在适用于这一特定宪法的以目的为导向的(ends-oriented)解释方法。[6]命题(3)论证了正义及序言中的其他目的之"真实性",或者我们对宪法的最佳理解的正当性。我们这里说它们是"真实的",因为这些目的中的每一个都为其他目的所支撑,没有一个是加引号的。虽然序言是由一个特定的民族书写的,而且也是针对这一特定民族的,但是,序言的目的指向的是正义本身,以及自由之福祉等。由此,这样的序言以及宪法本身就要求我们去寻找这些词语所指的到底是什么,要求我们在遇到条款争议时作出道德哲学、有时甚至是科学上的判断。命题(5)把我们拉回到建国之初的历史场景中,也就是说,这是一部特定的1789年宪法及修正案,尽管宪法文本的意图指向的是超越历史的目标(trans-historical ends),并且是为一个无限的未来和潜在的国际社会(想想宪法第四条允许新州的加入,以及《联邦党人文集》第一篇开诚布公地向谁说话)而制定的。[7]

总之,我们一方面坚持各种解释方法相互竞争的重要性,另一方面也想再次提醒:在诸多解释方法中,必然存在着一种最佳的、最合理的方法或者综合性方法的可能性。

Ⅱ. 解 释 方 法

关于宪法解释方法的讨论绝不能局限于法律学术界。这一点为以下事实进一步证明:就在本书写作期间,联邦法官的提名和批准之战已经无比激烈。公共讨论不光影响到人们对某特定条文的不同理解,甚至也波及了关于宪法自身的性质、它所代表的自我管理式的民主政体采取何种形式,以及何种宪法解释方法是最好的方法等问题的理解。而这些问题正是我们要在本书中讨论的基本问题。我们相信,不管公共讨论还是学术讨论的部分参与者,在关于宪法解释方法问题上,都有可能得出错误结论,尽管他们对于联邦最高法院实际的判决意见这类第一序列实体性问题的关注通常是卓有成效的。

我们要在展开讨论之始,将宪法解释的几种主要方法和决定宪法含义的特定资源做一比对。我们对解释方法所作的分类不是唯一的[8],但它应该已经覆盖了关键议题。

决定宪法含义的资源	解释方法的种类
宪法文件中的平白的词语	文本主义
当下社会关于词语含义所达成的共同理解	共识主义
词语所指向的事物的本质/对于词语所对应的概念的最佳理解	哲学进路
制宪者/批准者/建国一代的意图或原初含义	原旨主义
宪法文件中关于机构、权力和前述两者彼此间关系的安排	结构论
法庭及司法先例所确立的原则	原则论
决定性政治力量的偏好	实用主义

除了哲学进路以外,其他所有方法都宣称没有必要对宪法进行道德哲学的思考。我们将会系统地表明:与它们的目的和自负相反,它们避不开哲学选择。我们想要说明的是,最佳的、最合理的某种宪法解释方法或者综合性的解释方法是存在的;这些方法综合在一起,所能达到的精密复杂程度,足以证明它们(即使不是全部方法)的有效性及深刻洞见。我们的论证未必能得出最终的、在政治现实中起作用的结论;因为事实上,我们所讨论到的解释方法要求我们认识到这些结论有可能是错的,因此我们欢迎反对方提出意见。

[1] Roe v. Wade, 410 U. S. 113 (1973).

[2] Lawrence v. Texas, 539 U. S. 558 (2003).

[3] 参见第十一章(分析如斯坦利·费什一样的实用主义者的论证)。

[4] 参见第二章。

[5] Michael S. Moore, "A Natural Law Theory of Interpretation," *Southern California Law Review* 58 (1985): 277, 313-18 (在解释中有关法律特质的分析规则)。

[6] 甚至像马丁·戴蒙德这样的传统主义者也提到过这一点,参见 Sotirios A. Barber, *Welfare and the Constitution* (Princeton, NJ: Princeton University Press, 2003): 38-41(analyzing arguments of Martin Diamond, "The Federalist," in *History of Political Philosophy*, ed. Leo Strauss and Joseph Cropsey, 2nd ed. [Chicago: Rand McNally, 1972]: 631])。

[7] 参见 *The Federalist*, ed. Jacob E. Cooke (Middletown, CT: Wesleyan University Press, 1961): No. 1, at 3。

[8] 我们在这里所作的分类,尽管和我们的合作作者所写的教科书中出现的类型学分类不完全一样,但基本是类似的。参见 Walter F. Murphy, James E. Fleming, Sotirios A. Barber, and Stephen Macedo, *American Constitutional Interpretation*, 3rd ed. (New York: Foundation Press, 2003): 389-439。近年来最有名的宪法解释方法分类或者"模式"是由 Philip Bobbitt 提出的。他把宪法解释学方法分为历史的、文本的、原则的、学理主义的、结构主义的和伦理的方法。参见 Philip Bobbitt, *Constitutional Fate: Theory of the Constitution* (New York: Oxford University Press, 1982): 3-8。

第五章
文本主义和共识主义

文本主义者说,我们通过考察宪法文件中**平白的词语**找到了宪法的含义。**共识主义者**(consensualist)则在"文件中的词语是什么意思"这一问题上达成了**当下的共识**。我们把这两种解释方法放在一起,因为二者都宣称它们考查的是对词语含义的约定俗成的共同理解(conventional understandings)。针对这两种解释方法作出的声明,有一短一长两种答案。

短的答案,是从重返解释场景开始的:当文本含义出现疑义或争议时,我们才会产生关注文本解释的意识。具体到宪法解释,往往在那些最后提交到联邦最高法院的案件中,我们才会关注在疑难案件中的宪法解释。疑难案件通常被认为是那些我们无法就宪法含义达成共识、或者无法对其中的宪法含义问题取得一致看法的那些案件。因此,如果按照疑难案件的定义,平白词语的文本主义和共识主义的解释路径对于发现宪法含义是没有用处的。因为,如果(1)文本是平白、无歧义的,(2)我们对于文本含义取得了一致意见,那么案件就不成其为疑难案件了。这是对字面文本主义论和共识主义的简短作答。

而长的答案提出,文本主义和共识主义的理由不是来自平白的文字或社会共识,而是来自民主制观念。这一观念的高度争议性实在需要哲学上的辩护。文本主义者和共识主义者竭力回避,但无论如何也避不开哲学辩护。我们将针对布莱克大法官和迈克尔·佩里教授的观点进行评议,他们二位分别代表了字面文本主义和共识主义这两种方法。我们对他们的宪法解释理论的批评也适用于共识主义和文本主义的各种变体。[1]在本章中,我们将批评文本主义中的字面解释方法。在第六章,我们支持罗纳德·德沃金的观点,他认为,宪法文本是道德观念和抽象意图的书面载体,因此,文本主义如果得到恰当地理解,其实等同于哲学解释方法。

I. 布莱克大法官与字面文本主义

布莱克大法官是最知名的字面文本主义者。我们对字面文本主义者的长答案就是从考查他在**格瑞斯沃德诉康涅狄格州案**(Griswold v. Connecticut, 1965)[2]中对第九修正案的观点开始的。第九修正案规定:"本宪法列举之若干权利不得解释为人们保有之其他权利可被否定或轻忽。"正如绝大多数读者读到的,该修正案说的是(是用平白的文字吗?):宪法文本中列举的权利并没有穷尽宪法权利,美国人还享有除了列举权利之外的权利。然而,布莱克的字面文本主义说恰恰认为,宪法权利只是那些在宪法文本中列举的权利。由此,如果从宪法规定的字面来看,第九修正案被广泛视为是对布莱克宪法解释理论的一种反驳。这一修正案似乎表明,字面文本主义陷入了自相矛盾的尴尬境地:第九修正案通过暗示存在着除宪法文本列举之外的权利,明白地指出了人不能将自己局限于宪法文本的字面规定!³

在**格瑞斯沃德案**中,威廉·道格拉斯大法官执笔的多数意见认为,隐私权(最起码是夫妻采取避孕措施的权利)虽然没有明确出现在宪法的字面规定中,但它隐含在第一、第三、第四和第五修正案的字里行间,或者说存在于上述修正案的精神气质或"伴影"(penumbras)之中。道格拉斯还援引第九修正案来证明多数大法官对宪法的解释方法是正确的,即,不能把宪法权利局限在宪法文本列举的范围内。⁴在附随意见中,阿瑟·古德伯格大法官强调第九修正案的作用正在于为保障这类权利提供合法依据。⁵布莱克大法官言辞激烈地提出异议,理由是宪法文本没有列举隐私权。⁶他提出了一种关于第九修正案的理论,这是一种典型的联邦主义者的考虑,即将第九修正案视为第十修正案原则的复制。第十修正案规定,凡宪法未授予合众国或未禁止各州行使之权力,皆由各州或人民保留之。第十修正案的原则使他认为,第九修正案没有明确地承诺"未列举"权利。他主要从民主理论的背景来否认未列举权利的正当性。布莱克大法官相信,非民选的法官"发明"出规定在宪法文本中的权利以外的权利,来反对多数人政制,这是不民主的。他认为,如果大法官适用**成文的**宪法权利(written constitutional rights)来反对民选的政府分支,这与民主制是不冲突的;因为理论上讲,成文的宪法权利代表的是作为主权者人民的意志。但是,布莱克大法官认为,不成文的宪法权利(unwritten constitutional rights)就只是大法官的"发明"了,并且,第九修正案如果承认了不成文权利的合法性,我们就不得不像布莱克所做的那样,面临非此即彼的选择:要么放弃修正案,要么认为不成文权利是没有意义的。

布莱克大法官对第九修正案的意见表明,他所持的这一立场不仅来自对大多数人来说毫无争议的宪法字段,而且来自对宪法文本有着高度争议的解读——这种解读背后浮现出来的背景是民主理论。毋庸置疑,民主当然具有重要价值,但是,"民主"这个词并没有出现在宪法文本中。不管是宪法文本还是宪法的历史,都使我们无法接受布莱克大法官个人的民主观。这种观点必须要经过论证;而这种论证本质上是政治—哲学的,因为有人恐怕会说,布莱克的观点比其他与之竞争的民主观更胜一筹(因为它更关注人民的福祉,更有助于实现公正,或者说能更好地显示并证明宪法秩序的重要特征与承诺)。因此,布莱克如果言行合一的话,他的解释方法本该走上对文本的哲学化理解之路。然而,布莱克声称宪法解释不得超出文本的字面含义,这最终走向了一条在冲突选择中逃避责任的小径。

Ⅱ. 佩里教授与共识主义

迈克尔·佩里教授是共识主义方法论的典型代表,这一方法论的最佳例证就是他关于堕胎权的观点。佩里认为,联邦最高法院在**罗伊诉韦德案**中走得太远了,因为美国的公众舆论在**堕胎问题**上(除了出现强奸、乱伦或严重致畸情况)已经严重分裂。[7]佩里说,公众普遍同意妇女在某些严格的情况下有权决定堕胎,但在其他情况下对于妇女的这种选择权并没有达成共识。因此,他总结道,宪法权利应该被限定在那些特定情况中,而在其他情况下,州立法机关具有宪法上的授权以决定允许堕胎或者将其定为非法。

佩里在堕胎权问题上的立场可以用以下的三段论来表示:

- 大前提:自由(由第十四修正案正当程序条款所确保的)包括的仅仅是那些当时的社会共识认为应该包括的内容。

- 小前提:当时的社会共识所支持的有权决定堕胎的自由,以出现了强奸、乱伦或严重致畸情况为条件。

- 结论:因此,自由(现在)包括了仅在上述三种情况下的堕胎的自由。

尽管佩里在决定我们现在所享有的自由是什么(这里指的是堕胎)时求助于社会共识,但他也求助于其他事项,如(1) 自由所属的类型(他的大前提),(2) 人们在堕胎问题上相信些什么(他的小前提)。他相信他的这一小前提是真的,因为这反映了真实世界中存在的实际情况:作为一种社会学事实(他声称),人们关于堕胎问题的看法就是那样的(如他所说)。同样的理由也支持他认为他的大前提是真的。他的大前提也是一个关于世界实际是怎样的判断。他认为,世界充满了各种各样的事物,自由(跟象棋、篮球一样,但跟树、青蛙和星星不一样)也就是社会说它是怎样的那样。他进一步假定,自由的含义**应当**是它**实际**意味着的那样,比如,我们应该让我们的行为符合自由的实际要求。最后,佩里停靠在了最后一个假定上,并因此而得出结论,即认定联邦最高法院不应当确认超出社会共识所圈定的自由范围以外的堕胎权。

请特别注意:佩里并没有暗示说,他的大前提(即共识往往决定了我们所享有的自由)是真的,乃是因为社会共识认定它是真的。为什么他没有这样说,以及为什么在这个问题上他不能含含混混地表态——这是相当重要的问题。他之所以不能说社会共识支持他的大前提,因为恐怕很多人都会否定这一前提的真实性。他们否定这一前提,是因为他们不承认这一前提所隐含的意思。让我们来看看这一前提都隐含了哪些意思。如果像佩里所称的,宪法所确保的自由的含义是由社会共识确定的,那么,一个忠实代表了稳定的社会共识的政府就不可能侵犯被宪法保护的自由了。如此一来,佩里大前提"更一般化的"公式,就会使得一个纳粹政权统治下的社会不可能相信它对待仅存的犹太人的做法是"不公正的"。如果按照佩里暗示的那样,诸如"自由"这样的词指的仅是除某些共同体所相信者以外别无他物的话,那么,阐明"自由"含义的证据就只能存在于人们对这个词的使用中。按照这样的理论,除了关于自由的讨论,自由即不存在。(公平、平等保护也是如此。)人们可能认为他们正在谈论"自由"(或者公平、平等保护),但是他们不可能真正地谈论"出"任何东西——他们仅仅只是在谈论而已。这样的言下之意要么冒犯民众,要么对于普通人关于道德观和世界观来说是相当怪异的。也正是基于这样的理由,就算它是真的,佩里的大前提也很难对社会共识产生吸引力。[8]

如果社会共识没有告诉佩里他的大前提是真的,那又该怎么办?宪法所保障的自由的含义不是由自由自身确定的,而是由社会共识所确定的,这能够告诉佩里什么呢?对于佩里来说,答案是民主。他认为诸如"自由"一词的含义是由社会共识所确定的,因为他认为这是非民选的法官有权启用这些词宣布民选机构的决定无效的唯一正当理由。佩里说,民选官员仅当其作为违反社会共识时,方侵犯了宪法权利,或者换言之,仅当某些组织严密的少数派(比如,**格瑞斯沃德案**这场康涅狄格州生育控制纠纷中的天主教会)向政府施压,要求其作出有违多数人意愿的决定时,侵权才会发生。从中,佩里发现了一条调和司法机关保障宪法自由与民主之间矛盾的道路。这样一来,民主可以告诉佩里,他在由谁来决定自由的含义这个问题上是对的。

但是佩里又如何知道他对民主的认识是正确的呢?"民主"一词的所指又告诉他什么?他没有说社会共识告诉他民主的含义是什么。基于同样的理由,他也不能含含糊糊地宣称在其大前提中由社会共识决定的自由。佩里坚持认为,民主制(而不是社会共识)要求由共识决定自由的含义,由此,他暗示:那些忠于人民愿望的民选官员不可能侵犯任何人的自由。这又反过来暗示真正的个人权利是不会反对共同体的,因为共同体恰恰正是权利的来源。恐怕很多美国人很难同意这一观点,他们会站在《独立宣言》和久远的宪法传统这一边(我们已在第三章讨论过《联邦党人文集》),认为宪法基本权利远不是来自共同体,而是源于一个更高的权威,诸如像"自明的真理"(self-evident truth)、"自然"(nature)、"自然的神"(nature's God)。由此,我们至少可以断言,佩里的民主理念背后的那个"社会共识"是缺少证据的。

除非佩里愿意承认他的民主理念是出自他的主观意见,否则他就剩下一个选项:如果他坚持他的民主理念是真实的,那么这一理念就必须符合或者说最大限度地接近民主制度本身以及我们对政府形式的最佳理解。他必须要用事实来最终验证他的民主观念,这一事实主要指我们认定的道德实在或者我们对政府形式的最佳理解,这样才能超越人们在民主问题上偶然相信的东西。如果没有这样的道德事实为依据,他的观点就丧失了基础,只能是他个人主观的拒绝其他民主理念的一个偏好而已,就像《联邦党人文集》中诸位作者的理论一样。[9]

最后,佩里似乎相信:

1. "民主"指的是民主本身,无论人们对于民主制说什么或者相信什么,道德实在决定了"民主"的恰当使用。

2. 然而"自由"不一样;它指的不是什么真理、不是被人们所信仰所决定的东西,而只是某一社会共识认为可以接受的那些自由。

这就需要佩里来解释民主和自由都有哪些不一样的地方了,为什么"民主"指的是某些具有真理性的事物,而"自由"则是由社会共识和惯例确定的。除非他能解释清楚这一区别,否则我们不能不怀疑他关于二者的观点是杂糅在一起的。佩里不是不清楚这一点,他曾经表达过,尽管民主在美国政治文化中具有"不言自明的地位",但民主并不因此而当然地优先于"其他所有基本价值"。他也承认,没有什么特定的民主理念是不言自明的,任何已有的理念都必须要通过它如何实现宪法的"中心意图"(central aspiration)来"加以论证"。佩里把各种解释理论之间的竞争视为一种更宽泛的民主理论讨论的一部分,这一讨论的议题就是"哪种民主理论才能最好地服务于宪法中心意图"。佩里将宪法的中心意图概括为"为所有人的自由和公正",具体地则指宪法文本中列举的诸如言论和宗教自由、"种族平等"之类的人权。[10]

人们可能会想,如果作者持有这种观点,应该会欣赏法官或类似的释宪者,因为他们会是那种在遇到疑难案件中的宪法问题时抱有自我批评精神的人。的确如此,事实上,佩里确实支持关于宪法"意图"的广泛的公共讨论,并且还关注这些讨论是否澄清了女性应否享有决定怀孕还是堕胎的权利。但是佩里关于宪法解释的共识主义理论混杂着一种否认任何意图为真,或者否认这些意图是对自由、公正甚至民主等价值的最佳理解的成分。由是,像自由、公正一样,按照如何实现意图来论证民主理念的所有希望就被佩里的道德共识主义牺牲掉了。如果诸如"自由""正义"等概念一旦超出众人公认的范围便毫无意义,那么对于"民主"来说为何不同样如此呢?

民主是佩里理论的关键概念,并且在建构其民主理论时,他似乎会去求助于道德实在而非社会合意,但归根结底,他的解释方法还是共识主义的,就像甚至比自称文本主义者的布莱克大法官更甚。他们两位据以立论的民主理念本身都颇具争议性,他们又都没有充分地论证民主理念。此外,他们也没有正式发表过任何支持对宪法进行道德哲学思考的文字。(当然,除布莱克和佩里以外的其他字面文本主义者和共识主义者也是如此。)[11]

III. 共识主义与哲学进路

联邦最高法院最近的两个判决和一个经典异议,显示出共识主义解释理论其实并没有回避哲学进路。约翰·马歇尔·哈兰大法官在**坡诉乌尔曼案**(Poe v. Ullman, 1961)[12]的异议中,阐明了依照"活的"传统或演变中的社会共识来理解正当程序条款保护的"自由"观点。哈兰将自由理解为有序自由的"理性的延续体"(rational continuum),而不仅仅是从一部法典或者宪法文件中"挑拣出来的各种孤立观点的集合"(他将这一观点归功于布莱克大法官)。进而,哈兰认为在裁判中所需进行的宪法解释应是一个将传统理解为"活着的东西"的"推理过程"——"历史教给我们的,既有推动(这个国家)向前发展的那些传统,也有中断这种发展的那些传统",而不是一个套用公式或明线规则(bright-line rule)的机械过程(他把这一观点也归功于布莱克大法官)。[13] 他重申了**坡案**异议和**格瑞斯沃德案**附随意见中的审判推理。[14]

在**计划生育诊所诉凯西案**(Planned Parenthood v. Casey,1992)[15]——该案重新确认了**罗伊诉韦德案**[16]中的关键性推论,承认了妇女有决定是否中止妊娠的权利——桑德拉·奥康纳、安东尼·肯尼迪和戴维·苏特大法官的联合意见采纳了哈兰大法官的解释方法。该意见认为正当程序要求在宪法解释中作出"合理的判断",把宪法的含义理解为一种"共同的约定"(covenant)或"连贯的看法"(coherent succession),它们的"成文化结晶代表了那些比一个人的寿命还长久的"守护"自由的承诺"的观点和意图。联合意见称,"我们明白我们的责任,不会背离依照所有的先例完整地解释既有含义的做法"。[17]

肯尼迪大法官在**劳伦斯诉得克萨斯州案**[18]中撰写的多数意见推翻了**鲍尔斯诉哈德威克案**(Bowers v. Hardwick, 1986)[19]判决,裁定禁止同性性行为的立法是对自由的侵犯,这反映出对自由和宪法解释相似的理解。肯尼迪写道,

> 起草和批准第五、第十四修正案正当程序条款的那些人,如果知道自由的元素有越来越多的各种可能性,他们原本会规定得更加具体一些。他们并没有预想到这一切。他们明白:时间可能会蒙蔽我们,使我们看不

到某些真相,但是我们的后代能够发现,那些一度被视为必要且适当的法律,事实上只是加深了压迫。只要宪法存续,每一代中总会有人通过自身的努力使宪法原则实现更大的自由。[20]

这段引文强调,联邦最高法院将宪法视作一份为了"寻求更大的自由"需要假以时日不断细化的抽象原则的典章,而不是某些特定观念和列举权利的具体的法典,或者是发现、保存历史经验的总结书。

在这些判决意见中,法官在解释我们关于抽象的理想意图达成的共同约定,或者为寻求更大自由而细化宪法原则的过程中,在决定哪些是被中断的传统时,并没有逃避哲学进路。并且,不断演进的社会共识或者在这些判决意见中不断被激活的"活的"传统本身,很难是没有争议的。法官不能假装没看见。要想对我们的宪法关于自由的承诺作出合理判断,就得进入道德考察或者踏上哲学之路。

IV. 哲学进路:一个初步的观点

德沃金提出的对宪法进行道德哲学的思考是处理疑难案件的唯一负责任的路径,但这并非是关于宪法解释的讨论的终点,因为任何哲学进路都不可避免地会遭致反对意见。宪法学理论权威和各条意识形态战线上的法学家们必然会针对这一哲学进路提出种种反对意见。这些批评的声音主要集中于哲学进路(1)不民主,(2)非美国化,(3)危险的,以及(4）徒劳的。

　　一些理论家和法学家认为宪法与道德哲学的融合是不民主的,因为他们把哲学和寻求社会现象的真相结合在一起,这似乎超越了普通人的能力和他们在日常生活中的关注范围。[21]有部分人认为这一带有哲学命题的公共前提既是非美国化的又是危险的,因为(如我们在第三章所见)美国国父们有意识地要将政治从宏大的哲学和理论问题中剥离出来,使之集中解决危急的经济问题。[22]有些理论家和法学家则认为哲学上的追问是徒劳无功的,因为这种方法把哲学和探求超越大众共识的真理联系在一起,而他们认为真理并不需要回应超越共识的现实,只要能回应共识本身就足够了,换句话说,真理就是要符合或者是代表某些共同体所相信的东西,无论共同体碰巧相信什么。[23]

　　哲学进路的辩护者回应了这些反对意见,但是,我们别急着看答案,先来考察一下这些批评,想一想那些宣称想要避免哲学选择的解释方法。因为,对于哲学的种种批评远远不是出于个人的主观臆断。苏格拉底就是西方传统下的哲人典范,他的生活方式(包括拒绝从事有利可图的工作)清晰地显示了哲人和吾等普通民众对于生命中最急迫和最重要事务的不同认识。看一看近世哲学家黑格尔和海德格尔,他们常常会用自己的一套话语体来讨论日常生活讨论的话题。当今美国围绕堕胎、同性婚及其他"社会热点问题"展开的争论,典型地反映出那些以哲人自居的大法官考虑问题时不会受制于传统、大众共识或舆论,而这有可能导致国家的分裂。这样的情况召唤我们去探查通向宪法含义的非哲学进路,其目的在于绕开关于宪法本义的哲学纷争,达成关于宪法含义最小分歧的判决意见。我们接受这一召唤。接下来,我们会把第六章和第七章贡献给严格原旨主义和宽泛原旨主义。有些人将这两种解释方法分别视为字面文本主义和共识主义方法的近亲。(一点不奇怪,有些人将布莱克法官归入严格原旨主义者的阵营[24],佩里教授则自视为宽泛原旨主义者。[25])随后,我们将转向结构主义和原则论,最终回归哲学进路。

---

[1] 安东宁·斯卡利亚大法官也自称是文本主义者。但是,如果仔细分析他的宪法解释理论的论文,以及他关于文本主义的观点,我们会发现,他应该属于本书第六章所批评的具体意图主义者或严格原旨主义者。参见 Antonin Scalia, *A Matter of Interpretation* (Princeton, NJ: Princeton University Press, 1997); Antonin Scalia, "Originalism: The Lesser Evil," *University of Cincinnati Law Review* 57 (1989): 849; Planned Parenthood v. Casey, 505 U. S. 833, 998 (1992) (Scalia, J., concurring in the judgment in part and dissenting in part)。举例来说,斯卡利亚曾说,第十四修正案正当程序条款中的"自由"一词不能适用于堕胎,不是因为"自由"一词的最佳理解不包括生育自由,而是因为写下以及批准"自由"一词的人当时并没有考虑到堕胎权,或者说他们没有将"自由"这个词用于保护这一类权利(或者他们仅仅是说,"自由"一词的原初含义不包括堕胎权)。再举一例,制宪者们或许会说,第十四修正案平等保护条款

不适用于同性恋者，不是因为"人"这个词不包括同性恋者，而是因为写下以及批准"人"一词的人当时并没有考虑到同性恋者，或者说他们没有将"人"这个词用于保护同性恋者（或者他们仅仅是说，"人"一词的原初含义不包括同性恋者）。斯卡利亚相信宪法文件中的用词已经被这些词的原初含义穷尽了，换言之，他认为除了具体的历史观念以外，这些词没有任何别的涵义。这些词的具体的历史观念就是它们的定义或其具体适用。我们将在下一章讨论这些问题。

[2] 381 U. S. 479（1965）。也请参见 Hugo LaFayette Black, *A Constitutional Faith* (New York：Alfred A. Knopf, 1969)：3 (developing his "constitutional philosophy" and "constitutional faith" in a plain words variety of textualism and a conception of the role of the courts in our constitutional system of "governments controlled by the people themselves")。

[3] 还有一个类似的对"条款捆绑解释主义"(clause-bound interpretivism)的批评，该术语包含了我们所称的布莱克大法官的"字面文本主义"，参见 John Hart Ely, *Democracy and Distrust* (Cambridge, MA：Harvard University Press, 1980)：12-14。

[4] Griswold, 381 U.S. at 483-85.

[5] *Id.* at 486-96（古德伯格的附随意见）。

[6] *Id.* at 507-27（布莱克的反对意见）。

[7] Michael J. Perry, *Morality, Politics, and Law* (New York：Oxford University Press, 1988)：174-78 [以下称 Perry, Morality, Politics, and Law]。佩里在其早期著作中，并不认为社会共识支持布莱克门大法官在罗伊案中的观点，及承认女性有比较宽泛的自主决定是否堕胎的权利。参见 Michael J. Perry, "Abortion, the Public Mor-

als, and the Police Power:The Ethical Function of Substantive Due Process," *UCLA Law Review* 23 (1976):689,733;Michael J. Perry, *The Constitution, the Courts, and Human Rights* (New Haven, CT: Yale University Press, 1982):145。佩里的后期著作中减少了价值怀疑论的成分。参见例如, Michael J. Perry, *Toward a Theory of Human Rights:Religion, Law, Courts* (New York:Cambridge University Press, 2006):3-13。

⁸ 讨论堕胎问题的各方通常假定"自由"的观念(在这一问题中也与"平等"的观念密切关联)要么包含、要么不包含堕胎权,并且往往出现一方主张包含堕胎权,另一方即反对有此权利的情况。佩里没有意识到这种讨论确立自由/平等范畴的一般性情况就是这样的。他认为:这样的讨论并没有真实地划定出自由/平等的范围,因为自由/平等既没有包含也没有排斥堕胎权(或者生命权)——除非各方都在这个问题上达成共识。参见 Perry, *Morality, Politics, and Law*, supra note 7, at 155-56。换言之,佩里认为,第十四修正案中的自由/平等条款如果排除强奸、乱伦或者严重致畸等情况进行讨论,那就毫无意义了,或者说,如果关于堕胎的社会共识是在其他情况下达成的,这些范畴也没有意义。这就是佩里认为为什么联邦最高法院没有如实地对第十四修正案在除了强奸、乱伦或者严重致畸情况以外的堕胎作出表态的原因。"但是,如果宪法对于这个问题什么都没说,"一个明显的矛盾又来了,"法官想要解决这个问题又有什么错?"佩里的回答呼应了伦奎斯特的观点,即法院这么做就必然假定了"司法专断的角色",*id.* at 178,这是宣布法官侵犯民主制的又一种方式。

⁹ 如我们在第一章所声明的,我们两位作者对关于道德实在论和建构主义(或者深度共识主义)之间的"本体论"讨论各持不同观

点。基于上述及其他原因,我们在本书中对于道德实在论和建构主义(或深度共识主义)抱持不可知论的观点。

[10] Perry, *Morality, Politics, and Law*, supra note 7, at 164-67.

[11] 对佩里共识主义理论的更全面的批评,请参见 Sotirios A. Barber, "Michael Perry and the Future of Constitutional Theory," *Tulane Law Review* 63 (1989):1289。对佩里和其他共识主义者的立场(包括亚历山大·比克尔,他的观点极大地影响了佩里和其他现代共识主义者的立场)的评论,请参见 Sotirios A. Barber, *The Constitution of Judicial Power* (Baltimore: Johns Hopkins University Press, 1993):147-78。

[12] 367 U.S. 497, 542-43 (1961) (哈兰的反对意见)。

[13] *Id.*

[14] 381 U.S. at 499-502 (哈兰的附随意见)。

[15] 505 U.S. 833 (1992).

[16] 410 U.S. 113 (1973).

[17] Casey, 505 U.S. at 849, 901;也可参见 *id.* at 847-48 (拒绝放弃在正当程序调查中从事"合理判断"的责任)。

[18] 539 U.S. 558 (2003).

[19] 478 U.S. 186 (1986).

[20] Lawrence, 539 U.S. at 578.

[21] 参见例如 Robert H. Bork, *The Tempting of America* (New York: Free Press, 1990):16-17,133-38, 242, 251-59, 353-54; Benjamin R. Barber, *Strong Democracy* (Berkeley and Los Angeles: University of California Press, 1984):94-96, 142-43。

[22] 参见例如 Walter Berns, "Judicial Review and the Rights and Laws of Nature," *Supreme Court Review* 49 (1982):58-66; Harvey C.

Mansfield, Jr. , *America's Constitutional Soul* (Baltimore: Johns Hopkins University Press, 1991): 101-14, 209-19。

[23] Bork, *supra* note 21, at 49, 61-67, 121-23, 241-59; Robert H. Bork, "Neutral Principles and Some First Amendment Problems," *Indiana Law Journal* 47 (1971): 1, 2-3, 10; Sanford Levinson, *Constitutional Faith* (Princeton, NJ: Princeton University Press, 1988): 9-89, 170-79. 也请参见第十一章中我们对理查德·波斯纳和斯坦利·费什的实用主义的探讨。

[24] 参见 Ely, *supra* note 3, at 2。伊利把布莱克大法官称为"典型的被条款捆绑的解释主义者",这一说法实际上包含了我们所说的"字面文本主义"和"严格原旨主义"。

[25] 参见 Michael J. Perry, *The Constitution in the Courts* (New York: Oxford University Press, 1994): 8-10, 28-53。

第六章
严格原旨主义/意图主义

假设我们知道第十四修正案起草者或批准者的意图（或者他们的最初意思、又或者他们的最初理解）。[1]这些信息是否有助于我们无需哲学反思和选择就可决定女性是否有权终止妊娠，或者是否有权决定与不同种族的人、相同性别的人结婚，又或者，政府是否需要一个迫切的理由来否认女性的上述权利？是的，当代的意图主义者或者更通常地被称为"原旨主义者"的这群人（我们将不加区别地使用这两个术语），都会对此肯定回答。人们最熟悉的持有这一立场的人是意识形态上的保守主义者，如今占据了联邦法院的审判席。在本章，我们将讨论相对**严格意义的或者具体的原旨主义**，在下一章转入相对**宽泛的原旨主义**。这两种解释路径都区别于**抽象原旨主义**（abstract originalism），因为后者等同于哲学进路。我们会看到，无论严格意义还是宽泛意义上的原旨主义/意图主义，都无法提供一条逃脱哲学选择的道路，因为只有通过哲学上的论证，才能回答对于制宪者意图展开历史考查而产生的问题。并且，一旦开始这样的考查，我们也只能通过哲学进路才能决定那些意图是什么。

Ⅰ. 关于意图,需要优先考虑的哲学问题

这些需要优先考虑的哲学问题有很多,比如:为了搞清楚宪法的目的,我们应当把哪些人算作"制宪者"(framers)?费城制宪会议的全体或部分成员?各州批准宪法大会的成员?普通大众或公民?需要优先考虑的问题还包括应该把哪些资料和文献定为证明原初意图或意思的证据。比方说宪法文本?费城会议以及州批准宪法大会成员的私人通信?18世纪80年代和19世纪60年代的社会舆论?描述18世纪80年代和19世纪60年代社会实态的各种记录?历史学者对于那个时代的社会状况、制定法和普通法说了些什么?影响那个时代的历史著作?那个时代的社会心理是什么?反映这些社会心理的各种记录是怎么说的?我们还必须搞清楚"意图是什么"这一问题。某种意义上讲,意图就是一群人(注意:区别于单个的人)设定的目标。这样的意图是否包括了罗纳德·德沃金所称的**具体**层面和**抽象**层面?[2] 在具体层面,我们是否可以说某一制宪者在说到"公正审判""贸易"或"军事力量"等词时,其意图就是指他所认为的构成程序公正、特定的经济活动或者他那个时代军事力量的具体环节?在抽象层面,我们是否可以说某一制宪者在谈及正义、贸易或军事力量时不是指那些具体的所指或理解,而只能是为那些为其本质或对其本质的最佳理解所决定的事物?我们又如何来解释国会无需宪法修正案即可组建空军这样

的全体一致的共同意见?

我们无法从制宪者意图中找到这些需要优先考虑的问题的答案,因为,显而易见,我们必须在考查制宪者意图之前就决定这些问题。³ 保守主义思想家中的代表人物,如查尔斯·弗莱德(Charles Fried)和理查德·波斯纳(Richard Posner),完全明白这一批评意见的要害,所以拒绝采用意图主义的方法,只是按照他们自己对宪法应该如何解读进行实质性论证。⁴ 而罗伯特·博克则坚持意图主义解释方法**对法官**的有效性,即使该方法不适用于像他本人这样的理论家。(某种程度上,他承认理论家必须要对意图主义方法进行论证,而不仅仅是翻来覆去地声称制宪者们本身希望采用意图主义。)他断言意图主义方法是对法官的必然要求,就算制宪者本人无意要求法官这么做。博克支持法官采用意图主义的路径,不是因为有什么人向法官施压,要求他们采用意图主义方法,而是因为他认为这种方法能最好地实现民主政体的内在要求,或者换句话说,能够最好地实现对司法裁量权的限制。⁵ 但是,博克的民主观本身是有争议的,并且缺乏宪法文本或司法传统上的明确来源,所以,这样的看法要么是主观的个人产物,要么就得依赖哲学上的论证。事实上,民主应该是什么,既不是博克也不是其他原旨主义者所论证的那样。

然而,假设某一哲学家成功地表明:民主需要意图主义或原旨主义法官,那么,一定要记住:一个成功的民主理论不光主张理论家个人认为的民主需要意图主义法官,并且,还会主张**民主制本身**需要意图主义法官,以及民主制的道德分量要高于所有把意图主义适用于法官看做是宪法性命令的竞争性考量。(要想证明这些加诸于理论家的要求的效力,不妨想象一下你对某人这样说话的反应,"你应该采纳我的民主理论,以及我的关于善和好的理论,因为我的理论正是**我的理论**"。)如果我们的哲学家要举出一个合要求的例证,那么她就必须表明原旨主义法官应当找出的是德沃金所说的制宪者的**抽象意图**,还是他们的**具体意图**。[6]

当我们在考虑这些选项时,千万别忘了我们在讨论中所处的位置。我们是在寻找一种发现疑难案件中的宪法含义的方法,并且,我们已经意识到字面文本主义和共识主义方法在这样的案件中不起作用。前述解释方法所存在的问题,以及我们发现这些方法都建立在有争议的哲学假定之上,这些都证明了从道德哲学的角度理解宪法的必要。然而,我们已经领教了太多反对意见,不外就是宪法与道德哲学的融合可能是不民主的、非美国化的、危险的,因而最终是徒劳无功的。因此,我们现在正努力寻找一种避免这些风险的解释方法,意图主义或者原旨主义或许正是这样的方法。但是,仅仅只是意图主义的论证实现不了这样的预期。意图主义必须要通过哲学论证才能得以定义和证成。支持意图主义的**理论家们**逃脱不了哲学反思和选择的重负与责任。意图主义唯一的希望就是**法官**可以逃脱哲学反思和选择的重负与责任。并且,如果我们再次假设,理论家已经成功地完成了他们的哲学任务——假定他们已经向我们证明了谁可以归入制宪者之列,哪些资料可以算作表明他们意图的证据,如何处理主要制宪者之间的不同意见,以及诸如此类的问题。支持意图主义的理论家仍然需要面对如下的哲学问题:他们的法官们挖掘的是哪种类型的**意图,抽象的还是具体的**?

　　意图主义法官需要认定制宪者意图指明的"正当程序"及其他**概念**,在何种情况下应是**抽象意图**?在何种情况下又应是**具体意图**?要回答这一问题,宪法理论家必须要证明:按照事物本质决定的标准(比如我们说的什么是真的好的、正当的或者民主的)进行解释,而不是按照那些恰好碰上的主观标准进行解释,抽象意图主义的方法和具体意图主义的方法孰优孰劣?事实上,这意味着理论家要向他的读者提供全部理由,足以表明法官采用意图主义方法是一种好的、正确的、民主的同时也是可行的宪法解释方法。

Ⅱ. 道德哲学,抽象原旨主义,再评文本主义

　　赞同意图主义或原旨主义的哲学家也会支持抽象原旨主义的法官,他们的立场没有什么冲突。原因在于,主张抽象原旨主义的法官和他们的哲学辩护者一样,都接受德沃金提出的从道德哲学的角度理解宪法的观点。**抽象原旨主义在所有意图与目的方面,与哲学进路并无二致**。[7]理解得当的话,这两种解释方法其实也相当于文本主义的方法(区别于我们在第五章评论过的字面文本主义方法)。让我们来解释一下。

第六章 严格原旨主义/意图主义

宪法文件中的词语和短语表达了一系列相对清晰的意图(intentions)或含义(meanings)——如果我们把这里的"含义"(meanings)说成是一般性概念或观念,而"意图"(intentions)指的是抽象的目的的话。[8]对此,我们可以在宪法文本中找到有力的证据:"我们人民"通过他们的代表或制宪者,想要提供"法律的正当程序""法律的平等保护",以及复杂机制中的"经济"及其他事务等规则,来实现"正义""共同防卫""公共福利"和载于宪法序言中的其他"善"与目的。这些用语再清晰不过地表明,它们就是被用来指正当程序、平等保护及其他种种本身,而不是任何个人头脑中关于正当程序、平等保护及其他的观念。但是,如果制宪者的意图指的就是正当程序的**概念**本身——这是有别于这一"概念"的种种**"观念"**的,那么,他们必然会同意在宪法解释中道德哲学的作用,因为哲学反思和辩论乃是厘清正当程序、平等保护以及宪法明确写出的目的之内涵和范围的最佳途径。

因为诸如正当程序等宪法条款正是用一般性概念来书写的,所以,宪法文本自身就是"制宪者意图是抽象的"这一命题的证据。由是,宪法并没有定义它的术语或者对术语的适用给出什么例子。宪法没有把任何一个术语放在引号中,也没有任何一条标准指的仅仅是"我们的"标准。举例而言,宪法没有说,平等保护的范围只局限于法律面前的平等,而不包括社会及经济上的平等。[9]宪法也没有说它承诺的平等保护只及于非裔后代。[10]宪法语言没有把白人排除在平等保护之外,或者把女性、未出生的人、穷人,甚至是法人排除在外——如果这些群体事实上也是人,或者从公正和善德来看,他们理应被视为人来对待。正如德沃金第一个指出的那样,除非我们假定起草者不希望他们的后代也如**他们一样地理解**他们所追求的公正、正当程序以及维持自由,我们才能说,宪法使用概括性的、未定义的、未阐明的术语是起草者的失误。[11]

Ⅲ. 具体意图主义

纵然没有证据支持宪法文本(以及建国时期的文献[12])中的制宪者具体意图说,坚持具体意图主义的法官原本还是可以像证据存在一样行事。具体意图主义法官这一立场的悖论在于,就算她维护制宪者的权威,还是会有损他们的动机或矮化他们的智识。因为她必然会说,制宪者们公开表达的对公平或其他善德的关注(与他们关于公平或其他善德的个人化观念相反),最终要么是一种修辞,要么是一种妄想。她可能会说,这只是**他们自己**关于公正的观念,即使(1) 这一观念在当时被认为是不公正的,或者(2) 后来被证明是不公正的,又有可能(3) 这些不公正本身就是不公正的。

具体意图主义的又一悖论在于它缺乏正当性。因为如我们所见,只有道德论证方可为具体意图主义提供辩护,然而,坚持具体意图主义的法官如有可能便会忽视在法律中表明的种种道德考量,固执地坚持特定的历史意图,但这些历史意图却很可能有违道德。有充分的证据表明,不管是在宪法文本,还是我们找到的公开讨论记录或者任何一位制宪者的私人通信中,宪法文本指向的都是道德概念,并且制宪者也自认他们从事的并非是标榜自我权威的事业,具体意图主义者还是会这么做。

如果我们在这一点上的看法是正确的,我们会发现,为具体意图主义辩护的理论家主张:事实上,正义、人民的福祉或其他善德要求某种类型的民主制,在这种民主制下,那些宣誓忠于宪法的法官忽视了宪法语言、传统中无可否认的特征以及人民道德化地看待当局的需要。她主张正义要求法院支持那些被公认为对宪法条款的不公正的理解,而不顾文本和历史证据支持的不同的解释方法。简言之,她主张,整体的(at the wholesale level)正义需要某种局部的(at the retail level)不义。

不要以为没人为这样的立场辩护。有人曾提出:比方说,尽管《黑人隔离法》(Jim Crow)被公认为不义的法律,并且在**布朗诉教育委员会案**[13]那个年代,早已有过广泛的政治动员呼吁依照(宪法)第五条的严格程序修改宪法,以推翻**普莱西诉弗格森案**(Plessy v. Ferguson, 1896)[14]判决,**布朗案**对于一个深恐被非民选法官所统治的国家来说,仍然是个坏消息。[15]所以,这或许可以证明:生活在一个适用不义法律(《黑人隔离法》)的法庭之下,说不定有更大的好处——幸免于司法帝国主义(judicial imperialism)。此外,如果我们明白了为什么具体意图主义的辩护者本身不能是具体意图主义者,那么,我们还需要明白为什么法官不能是具体意图主义者。

为了准备和具体意图主义的最后一轮论战,我们必须要把具体意图到底是什么给细化出来。到目前为止,应该说意图主义者们对此的思考已经有了两三种比较明确的答案。第一种答案是让法官们适用制宪者给特定的宪法术语所下的**定义**或原初含义。[16]第二种答案是让法官们采纳制宪者的总体愿景(general outlook)或心理状态。[17]具体意图主义的第三种观点,要求法官考查制宪者对某一宪法条款在特定情形下如何运用的**实际预期**(actual expectation)或计划应该怎么**运用**(planned application)。[18]尽管很多意图主义者已经抛弃了第三种观点,我们认为还是有必要讨论一下这一观点。

具体意图主义要求考察**制宪者的心理状态**这一观点,(见上第二种观点)很难让法官摆脱在疑难案件上的哲学选择,它唯一能寄望的就是,宪法法官能像**制宪者置身今天一样地**看待现代问题。现代法官就像当年的制宪者,依旧会宣称他们对追求公正的强烈兴趣——正如在宪法语言、宪法批准年代的政治修辞,以及为任何时代、任何地方的政客和官员们所精通的充满公共精神的辞令中隐晦地传达出的那样。(我们很容易看到,在所有被称为美国国父或者宪法某一条款的起草者、批准者的私人通信中,没有哪一位曾公开要求批准任何一条被公认的不义的、专断的或者纯粹自利的条款。)假如现代法官作出这一声明是诚实的,他们就应当随时准备好在宪法条款中用较好的理念替换掉较差的理念,就像制宪者一样,只要他们在合适的时机能够确定较好的理念是什么。因为要能确定较好的概念是什么,必然会牵扯到哲学上的责任,现代法官必须承担起那样的责任——一如只有制宪者才可能做到的那样。

但是,如果制宪者对公正的关注和兴趣超过了任何个人对公正的特定看法——就像他们的言说和宪法的语言显示的那样——那么,制宪者心理状态的决定性因素就变成了他们对公正的兴趣。这样一来,考察制宪者心理状态的法官们势必也会对公正最感兴趣。这意味着那些像制宪者一样思考问题的法官可能会忘掉制宪者,而将注意力放在宪法语言可能承载的最佳的道德解释上。[19]由此,这种考察制宪者心理状态的原旨主义最终发展为一种抽象原旨主义的变体,并且此两者都非常接近于哲学进路,当然,这正是那些自称为原旨主义者的人避之唯恐不及的。

具体意图主义者从对"心理状态"的理解逐渐转向对"**定义**"或"**语言实体**"(前文提及的第一种答案)的理解——也就是制宪者所宣称的比较特定的定义或原初含义。"平等保护"就是这类定义的一个例子。"平等保护"被定义为只保护美国黑人民权上的平等,而民权则被定义为只包括这样一些权利:(1)法律之下,旨在保护人身和财产的平等利益(比如治安、消防火警)的权利;(2)平等地与其他人签订贸易和劳务契约的权利;(3)平等地向民事法院提出诉讼的权利。[20]意图主义者会这样说,事实上,对于在疑难案件审理中适用的平等保护条款,法官应该跳过"平等保护"这一被定义项的宪法定义，而专注于考察表明这一定义项的历史记录，比如向法院诉告的权利、平等缔约权，等等。

对这一解释方法的反对再现了意图主义的普遍难题。我们如何决定应该采纳谁的定义？如何确定有哪些证据支持这样的定义？又如何从建国时期领袖人物的明显分歧中仅提取出一个定义？[21]假如这些问题都解决了，我们依然还会面对"选取某人的定义将会意味着什么"这样的问题。如果我们把 x 的定义和被认为是它的定义的那个东西混淆在一起，那么，我们是否仍然忠实于某人给 x 所下的定义?！当意图主义者跳过被定义项时，他们便不再把定义项当做定义项。当我们下定义时，我们是在给某个事物下定义；如果我们忽视被定义的事物，那么这个定义无法成为对该事物所下的定义了。这就是我们日常语言实践所表现出的特征。另一个特征是我们意识到定义可能是不充分的或者错误的；如果我们的目的在于下定义，就应当在更好的定义出现的时候，用更好的定义替换较差的定义。因此，用"平等地向法院起诉"以及类似的东西替换掉"平等保护"，就不是在定义"平等保护"，而是跳过了它。我们既要留意被定义项(definiendum)，又要关注提出来的各种定义项(definiens)；只有这样，才会发现哪些定义项是可以被修正的。具体意图主义的解释方法将定义项和被定义项混为一谈，因此背离了那种把平等保护的定义和类似术语视为关于其本质的可修正理论的语言实践。[22]如果我们准确地理解了下定义的解释方法，就可以得出与考察制宪者心态的方法一样的结论，即，要求宪法和道德哲学的结合。

为了避免这样的结果,我们的意图主义者或许会求诸制宪者事实上或者计划中对宪法条款的**适用**(即前文所述的第三种观点)。举例来说,他或许会说:平等保护并不禁止公校隔离,因为第十四修正案的制宪者们允许学校隔离,也从没有讨论过有计划要将这一做法定为非法。[23] 迫切的现实原因让现代意图主义者羞于支持这种立场。如果以此类推,考察制宪者认为宪法条款将如何适用的解释方法既会使个人以及少数人权利失效,也会使政府权力失灵。[24] 这种制宪者—适用路径或许不仅会瓦解国内劳工法和社会福利项目的合宪性,也会消解 NASA 和空军、联邦禁止毒品滥用法、惩治跨州绑架勒索法、与外国签署的死刑协议、基于并非是维护总统权力基础上的总统否决权,以及现代政府的其他作为的合法性。[25]

考察制宪者认为宪法条款将如何适用的方法除了存在上述实践问题,还有一个理论问题尚待解决:这些宪法条款的适用是**事件**,而不是语言实体。而惟有语言实体才能像规则(norms)一样,发挥指导行动或者论证法律决定正当性的功能。因此,为了有助于宪法解释,这些成问题的事件——也就是制宪者如何适用宪法条款——原本需要**描述**。因为所有事件总是要通过不同方式被描述,又因为描述都是有具体语境的,且不同的描述会证明出不同的法律后果,所以在多种备选的描述中作出选择是不可避免的。

让我们仔细考察我们都需要哪一种描述。宪法条款的适用是一种被称为"行动"(actions)的事件。这样的行动是一个将宪法条款适用于政府某一行动或实际做法,以此判定该行动或做法的合宪性的过程。举例来讲,平等保护条款会适用于公校种族隔离,以确定这一做法的合宪性。适用平等保护条款由两个步骤构成:第一,解释条款;第二,按照相应的对该条款的解释描述种族隔离的做法。这两步分别代表了三段论中的前提——大前提陈述了法律的某一规则或原则,小前提描述了法律所适用的行动或做法,而结论则代表了案件的判决意见。那么,我们如何将制宪者关于平等保护条款的适用,跟公校种族隔离的实践结合起来呢?

第十四修正案的制定者(部分或者全部)或许可以解释,他们自己的做法是将学校隔离排除在平等保护条款所禁止的情形之外。从现在的意图来看,我们不妨做这样的假设。然而,从条款的实际用词却很难推导出"允许学校隔离"。我们可以把制宪者的行动表达为一个法律上的三段论推导。大前提是平等保护条款禁止州政府不公正地实施有损少数种族的做法;制宪者的行动这一小前提——按我们现在的假设——不是关于宪法的论断,而是关于世界的论断。我们可以构造出他们的小前提,即,种族隔离不是对少数种族的独有的伤害,也就是说,如果种族隔离伤害了什么人的话,那它不仅伤害黑人,也伤害了白人。把大小前提结合起来,自然推导出以下结论:种族隔离没有否定平等保护。

因为这是一种貌似合理地说明制宪者做了什么的推断,我们可以说**布朗案**法庭在拒斥制宪者**世界**观(连同对**普莱**

西案的看法,认为"平等但隔离"的体制无损黑人)的同时,并没有改变制宪者的**法律观**。[26]我们假定:平等保护条款的含义对两类解释者来说,都是一样的——也就是说,州所采取的特殊方式并没有伤害少数种族。[27]但是,批准平等保护条款的时间是19世纪60年代,而到了20世纪50年代,学校种族隔离问题被提交至联邦最高法院时,全社会的世界观都发生了改变。我们假定,(为了辩论的缘故),制宪者认为,强制隔离既没有伤害黑人,也没有伤害白人。而**布朗案**法庭的看法则不然,他们通过论据发现,已有的科学证据证实了常识得出的判断:在现今的美国社会,强制性的种族隔离事实上伤害的是黑人,这确实是不公平的。在**布朗案**中,老的大前提与新的小前提相结合,推导出强制隔离非法的结论。**布朗案**法庭从现代视角考察制宪者的行动,并没有背离制宪者的法律观,案件的描述对于历史记录也是比较公允的。即使比罗伯特·博克还坚定的原旨主义者也会采用类似的论证方式来证明他对于**布朗案**的赞同。[28]再多说一句,我们的考虑与**凯西案**(1992)中的联合意见不谋而合,也就是说,**布朗案**推翻了**普莱西案**的判决是公正的,因为如何看待某些社会事件的世界观已经发生了改变。[29]

原旨主义中有一股相当顽固的力量试图证明原旨主义者的忠诚,他们宣布**布朗案**判决是一个错误,并且坚持法官应当既采纳制宪者的世界观,又继承制宪者的法律观。这派观点主张,种族隔离作为**一个法律事件**,并没有危害黑人——尽管来自科学和常识的证据显示的恰好相反;并且,种族隔离在法律上不具有危害性这一状态,会一直延续到法律被正式的宪法修正案改变为止。但是,审慎的原旨主义者并不欢迎这样的策略,因为它只会暴露出原旨主义的高成本——很难证明制宪者或者任何别的人有权利(或者权力)既能制定法律,又能确立生活事实;很难证明我们的立宪体制在描述世界时违背科学和常识还能运转。传统自身就是这些论证很难成立的原因之一。[30]国家的启蒙传统给任何认为生活事实须由各种批准所决定、宪法推动法官篡改世界的提法设下了重负。有时,我们可以通过改变生活事实的成因来改变生活事实。但是,如果想要成功地改变日常关系,我们首先得理解它们。那些迫使我们篡改现实的法律扭曲了我们想要塑造现实的希望,把宪法视为这样的法律,绝非理智的做法。

Ⅳ. 什么是新原旨主义?与老原旨主义一样

很多自称原旨主义者的人都煞费苦心地把自己和具体原旨主义者——比如乌拉尔·伯格(Raoul Berger)——"切割"开来,并且坚称自己的原旨主义观点不会轻易招来那些对具体原旨主义的普遍批评。[31]基思·惠廷顿(Keith Whittington)可以称得上是"新原旨主义阵营"(new originalist)的领军人物,他在"新原旨主义"一文中公开表明了自己的新原旨主义立场。[32]人们或许会想,既然这一立场是"新"的,是由那些寻求重建原旨主义的学者和法学家们提出的,那必然会修正老原旨主义的理论缺陷,或者起码能更成功地反击对原旨主义的强力批评。但是惠廷顿坦诚说出了完全不同的考虑。他说,新原旨主义者如今是当权的保守主义者,而老原旨主义者过去只是少数派的保守主义者。他认为老原旨主义的出现是对沃伦法庭的保守主义的反应,老原旨主义对诸如沃伦法庭对**格瑞斯沃德诉康涅狄格州案**(承认隐私权)、伯格法庭对**罗伊诉韦德案**(承认堕胎权)等司法判决持有强烈的否定和批评态度。[33]惠廷顿说,保守主义者现在当权了,控制了司法系统,原旨主义者需要从应战和批判状态转向,发展出"一套强有力的可以指导多数意见的哲学,而不仅仅是充当异议"。[34]现在,让我们一起进入新原旨主义。

惠廷顿提出,新原旨主义作为一种当权的保守主义宪法理论,"很少强调对司法的最基本的制约"[35],而这正是老原旨主义关注的首要目标。事实确实如此。首先,"如今似乎越来越少强调原旨主义具有的限制法官自由裁量权的功能"。第二,"原旨主义与司法服从立法机关多数票决之间的联系也变得越来越松散。"取而代之的,"新原旨主义所宣称的最基本的特质就是对宪法的忠诚,而不是司法克制(judicial restraint)或者民主制多数原则(democratic majoritarianism)"。总的来说,惠廷顿认为,新原旨主义"不要求法官拆立法机关的台。它要求法官忠于宪法本身——既不多也不少"。[36]对原旨主义的批评长期以来攻击原旨主义本质上不是一种"司法克制"或者民主制多数主义的理论,而毋宁是一套按照原旨主义者理解的方式去实施宪法的程序。

新原旨主义的重量级理论家如今承认了这一对原旨主义的看法。

接下来的问题是,新原旨主义如何认识宪法?惠廷顿在《宪法解释》一书中,试图重构原旨主义,以此将其从老原旨主义的缺陷(或者,按他的说法,老原旨主义被认为的那些缺陷)中拯救出来。[37]我们会在稍后评价惠廷顿的著作,这里想先透露一下我们的评论金句。惠廷顿曾写过一篇文章,其中摘引了摇滚乐队 The Who 创作的一首歌。[38]为了"装备"我们对惠廷顿原旨主义论的批评,我们也想从 The Who 的歌中摘录一句作为回应。这首歌的歌名是"别再被愚弄"(Won't Get Fooled Again),其中有一句歌词是这样写的,"遇到新老板,和旧老板没有两样"。[39]这一句歌词非常应景,不仅因为它暗示了新原旨主义和老原旨主义遭遇到一样的难题,而且因为"老板"这个词正好让我们想起原旨主义的权威主义倾向,不分新旧。(很凑巧,《纽约时报》最近一篇文章报道说,《国家评论》主持调查的若干年来最受欢迎的代表保守主义立场的摇滚歌曲,The Who 的这首歌一直高居榜首。)[40]

A. 原旨主义方法并不是解释所必需的

原旨主义者有时声称或假定解释必然需要原旨主义。这种声明有从直白、粗糙到精致化的各种版本。这一声明在关于"解释主义"(interpretivism)对阵"非解释主义"(noninterpretivsim)的二元论战中得到过最充分的阐释。[41]如今自称是原旨主义者的那些人把这个二元论灌进骰子,好掷出他们喜欢的解释主义那一面。他们说,他们对于制宪者的具体意图或原初含义(这又与宪法语言本身结合在一起)的忠诚,使他们成为唯一尊奉"解释"宪法的人,从而将其他人(他们被原旨主义者称为"非解释主义者")划入重建或改变宪法者的行列。

惠廷顿重构原旨主义的第一个动作是对那些批评原旨主义的意见作出让步。举例而言,他比其他原旨主义者更直截了当地与德沃金在关于宪法解释问题上进行论战。[42]不像博克和斯卡利亚,他不是简单地攻击德沃金是一个"非解释主义者",甚至是所谓异端或暗地里破坏宪法的叛逃者。[43]如此,惠廷顿似乎作出了一些让步,承认德沃金(以及托马斯·格雷)声称"我们都是解释主义者"这一点没错,并且认为真正的问题不在于我们是否应该解释,毋宁是宪法到底**是什么**以及我们应该**如何**来解释。[44]由是,惠廷顿似乎承认德沃金推进了"解释就是原旨主义的替代性说法"这一观点。

不仅如此,惠廷顿在《宪法解释》的姊妹篇《宪法建构》(*Constitutional Construction*)一书中,志在扩展宪法话语,使之涵盖两条阐明宪法含义的途径:不仅有法院解释宪法(这是老原旨主义者一直坚守的阵地),而且还有除法院之外的立法机关和行政机关在建构宪法。[45]他这样阐述解释和建构之间的区别:"建构宪法不同于法理性解释,它提供的是一种构造宪法含义的创造性元素。建构并不想追求某种无中生有(a preexisting),因为建国文件中的很多含义已是深藏难寻。它们更想要在那些尚待发现和解释的夹缝中阐释文本含义,而这些文本如此宽泛,如此不确定,以至于不能只靠忠实,必须尽可能将其"具化"为法律规则(exhaustive reduction to legal rules)方能探查。[46]但是随后,当惠廷顿看上去好像要开始推进宪法理论——不论是解释还是建构——这让那些非具体原旨主义者感到放心,此时他作了两个关键性动作。第一,他说德沃金等人(也包括我们)所说的那种**解释**,实际上就是**建构**,因此,更适合由立法机构而不是法院来完成。[47]也就是说,他说德沃金的解释理论被理解成一种建构性理论更为恰当,因此这种理论更有利于立法机关而非司法机关。惠廷顿通过这样的方式来削弱德沃金对原旨主义的批评,实际上是比博克和斯卡利亚宣称德沃金鼓吹法官造法(而不是解释法律)更为高明的做法。

惠廷顿做的第二个动作,是他宣称:忠于解释必然要求忠于原旨主义。这实际上点出了存在于解释主义与非解释主义之间受到质疑的区别。惠廷顿写道,"原旨主义的解释方法很大程度上优先考虑站在宪法理论家、法官和国家一边,然后才是宪法解释的问题"。他接着说,"一旦我们要进行解释,我相信我们必然会是原旨主义者"。[48]也就是说,宪法解释必然要求原旨主义的方法。惠廷顿补充说,"但是,或许我们并不想进行解释……我们想要做的是一种'基于文本的实践'(text-based practice),这和解释性的忠于宪法(interpretive fidelity)绝非同一回事"。[49]惠廷顿的言下之意是说,那些想要这么做的人就不是在解释宪法了。此处,他呼应了原旨主义那种过气的旧说法,这种说法宣称:任何不遵

第六章 严格原旨主义/意图主义

循原旨主义观念中的解释性忠诚(interpretive fidelity)的人都是"非原旨主义者",因为这类人的兴趣不在解释宪法,而在改变宪法。

我们不妨在此打住一会儿,想想惠廷顿究竟在做什么。可以想象:为了回应对老原旨主义的批评,惠廷顿努力要**扩展**宪法话语的"疆域"(the realm of the constitutional discourse),因此把**法院以外的**宪法建构也包括进来。但是他这么做的目的,其实是要论证**法院进行的严格**宪法解释的正当性,也就是原旨主义的正当性。所有这一切(惠廷顿看似赞同非原旨主义者而做出的回应)应当说是一种有效的修辞策略,然而,他又削弱了这些证据并且重新校定非原旨主义者防守的阵地。惠廷顿梳理了立法机关和行政机关进行宪法建构的概念,举出了相应的历史例证,比如说,1804年至1805年对塞缪尔·谢司法官的弹劾案,这有助于建立起对联邦弹劾权的目的和限制的理解。他还举了1832年至1833年无效危机(nullification crisis)[50]的例子,这一宪法危机强化了联邦主义的去中心化观念。然而,他并没有说清楚哪一类决定适合法院通过"解释"来作出,哪一类决定又更适合留给立法和行政通过"建构"来作出,以及这二者之间的区别又在哪儿。他也没有回答为什么法院应该把自身限制在他所称的"解释"而不是"建构"中。在说到这些问题的时候,他抛出了老原旨主义关于"司法克制"以及"民主多数决"的观点。而所有这些都建立在他的理论假设之上,即解释必然要求原旨主义方法。

惠廷顿关于解释和建构的区别是从基本问题中分化出来的一个分支。这个区别最早来源于他感兴趣的**对自由的联邦司法系统（a liberal federal judiciary）的限制——而对发现宪法含义不感兴趣**。但是，惠廷顿做这样的区别对于我们来说是没用的，因为他本人也说，无论解释还是建构，都是详细阐释宪法含义的方法。而对于惠廷顿来说，这种区别当然是有用的。在他看来，解释仅仅是对无争议的宪法条款（比如关于选举的周期、官员的年龄）的发现和适用，而建构则发生于争议性的观点无法从无争议的法律规则（比如平等保护、正当程序等）中推导出来的时候。[51]"建构"（惠廷顿对待疑难案件的方法）由此完成的正是本书中"解释"所做的工作。惠廷顿的"建构"基本等同于我们在第十一章指出的实用主义解释观——本质上就是留给立法机关的政策决定的过程，这也恰好是惠廷顿想在布什总统的白宫和参议院任命保守主义者占领联邦法院之前做的事情。最后，我们发现，没有任何一个人能够一以贯之地坚持建构和解释之间的区别。"建构"和"解释"这两个术语，在《联邦党人文集》和惠廷顿之前的整个宪法史及评论中都被不加区别地混用。我们只需想想约翰·马歇尔大法官在**马卡洛诉马里兰州案**中的著名评论，关于国会是否有权依据"整个机制公正地建立"而创设国家银行这一问题的解决方案，便可知一二。[52]

B. 结论：忠于作为成文法的宪法

不管老的还是新的原旨主义，都不得不假装卖力地想把道德哲学从宪法解释活动中驱逐出去。但是,如我们到目前看到的,要把哲学选择赶出解释是不可能的,不仅如此,赶走负责任的哲学选择更说不过去。忠实地解释宪法需要我们对宪法原则如何能最好地被理解作出道德哲学的判断。

不管老的还是新的原旨主义,错误地理解了宪法解释中的忠诚。极具讽刺意味的是,原旨主义者打着解释性忠诚的名义,把一部蔑视公正的宪法供为权威。这样的宪法,制宪者没有制定过,批准者没有批准过。基于这样的理由,它配不上我们的忠诚。而哲学进路接受了宪法的实际语言,并且对制宪者和建国一代宣称的原则进行了道德论证,它解释并告诫我们:宪法解释应该使宪法得到最好地适用。由此,哲学进路提供了宪法配得上它所宣称的那种应有的忠诚的可能性。

从我们已见到的,严格的或者具体原旨主义/目的论(无论新的老的)都没能成功地驳倒德沃金提出的作为成文法的宪法所要求的从道德哲学维度理解宪法。在第七章,我们将会看到,原旨主义是否还有进一步论证,以及另外一种类型的原旨主义(即宽泛原旨主义),能否在其他流派失败的地方成功地站起来。

---

[1] 近来有一些原旨主义者强调起草者和批准者的"最初意思""最初理解",以区别于制宪者的意图。参见 Antonin Scalia, *A Matter of Interpretation*(Princeton, NJ:Princeton University Press, 1997):16-18,37-38; Bobert H. Bork, *The Tempting of American*(New York:

Free Press, 1990): 143-45。他们在使用术语上的转换,大概是希望能够回避因为制宪者目的作为确定宪法含义的来源而产生的问题。在意图和含义之间做区别对我们来说是一种毫无意义的文字游戏。说话者在日常生活中常将"意思"和"意图"混用,因为说话者可以随意选用其中一词来表达使用该词的意思。所以,"您的意图是什么?"常常等同于"你的意思是什么?"我们在本章中对严格原旨主义的批评和第七章中对宽泛原旨主义的批评,不仅仅适用于原旨主义中强调制宪者意图的版本,也适用于原旨主义中言及"原初意思"和"原始理解"。为了表达上的便利,我们在大多数情况下将使用"制宪者的意图"一词,但是我们也会不加区别地使用"最初意思"和"最初理解"等术语以作替代。

[2] Ronald Dworkin, *A Matter of Principle* (Cambridge, MA: Harvard University Press, 1985): 48-50.

[3] See *id*. at 34-57; Walter F. Murphy, "Constitutional Interpretation: The Art of theHistorian, Magician, or Statesman?" *Yale Law Journal* 87 (1978): 1752.

[4] Charles Fried, Order and Law (New York: Simon & Schuster, 1991): 55-88; Richard A. Posner, "What Am I? A Potted Plant? The Case Against Strict Constructionism," *The New Republic*, Sept. 28, 1987, at 23; Richard A. Posner, "Bork and Beethoven," *Stanford Law Review* 42 (1990): 1365.

[5] Bork, *supra* note 1, at 154-55.

[6] 参见第二章。

[7] 我们在使用抽象"原旨主义"这一术语时非常慎重,参见 James E. Fleming, "Are We All Originalists Now? I Hope Not!",未刊

稿请参见普林斯顿大学詹姆斯·麦迪逊项目中阿尔斐俄斯·美森讲座上的演讲,请参见链接 http://web. princeton. edu/sites/jmadison/events/archives/FlemingTalk. pdf. 然而,在本书中,我们会大胆地使用这一术语。

[8] Ronald Dworkin, *Freedom's Law: The Moral Reading of the American Constitution* (Cambridge, MA: Harvard University Press, 1996): 7-12; Ronald Dworkin, *Life's Dominion* (New York: Alfred A. Knopf, 1993): 132-44.

[9] 参见 Plessy v. Ferguson, 163 U. S. 537, 544 (1896)。

[10] 参见 Slaughterhouse Cases, 83 U. S. 36, 81 (1872)。

[11] Ronald Dworkin, *Taking Rights Seriously* (Cambridge, MA: Harvard University Press,1977): 134-37.

[12] 参见 H. Jefferson Powell, "The Original Understanding of Original Intent," *Harvard Law Review* 98 (1985): 885; James H. Hutson, "The Creation of the Constitution: The Integrity of the Documentary Record," *Texas Law Review* 65 (1986): 1。

[13] 347 U. S. 483 (1954).

[14] 163 U. S. 537 (1896).

[15] 参见 Raoul Berger, Government by Judiciary: *The Transformation of the Fourteenth Amendment* (Cambridge, MA: Harvard University Press, 1977): 407-18。

[16] 参见 Bork, *supra* note 1, at 143-45; Scalia, *supra* note 1, at 37-38, 44-46; Antonin Scalia, "Originalism: The Lesser Evil," *University of Cincinnati Law Review* 57 (1989): 849, 852, 856-60, 863-64。

[17] 参见 Michael W. McConnell, "Federalism: Evaluating the Founders' Design," *University of Chicago Law Review* 54 (1987): 1484; Michael W. McConnell, "On Reading the Constitution," *Cornell Law Review* 73 (1988): 359; Michael W. McConnell, "The Role of Democratic Politics in Transforming Moral Convictions into Law," *Yale Law Journal* 98 (1989): 1501; Michael W. McConnell, "Originalism and the Desegregation Decisions," *Virginia Law Review* 81 (1995): 947。

[18] 参见 Berger, *supra* note 15。

[19] 参见 Michael S. Moore, "A Natural Law Theory of Interpretation," *Southern California Law Review* 58 (1985): 277, 340-41; Sotirios A. Barber, *The Constitution of Judicial Power* (Baltimore: Johns Hopkins University Press, 1993): 131-35。

[20] 参见 Berger, *supra* note 15, at 166-92。

[21] 从争议各方中抽取出一个定义,往往意味着要把各方的不同意见放到一个术语之下,而这个术语比他们撞车的概念要宽泛很多。如果关于言论自由的定义能够把汉密尔顿和麦迪逊结合起来,尽管他们二人对《反煽动叛乱法》的合宪性问题看法各异,那么,这个定义不会排除掉分歧。这个定义的相关知识也不会无视在汉密尔顿理论和麦迪逊理论间比较和选择的需要。

一个定义能够和竞争性概念一样,占据普遍性的同一标准,只有当争议各方认为他是在反对另一方但其实不然的情况下方能发生。由是,一位观察者或许可以总结道,尽管麦迪逊认为他反对汉密尔顿的"必要且适当"(necessary and proper)定义,但实际上并非如此,因为有重要的证据表明,汉密尔顿的必要且适当理论,正是麦迪逊认为的比保卫州权更重要的保卫联邦的思想的基础。这样的判断迫使观察者进入新的科学的反思中,因为政治家们尤其强调类似于正义和人民福祉这样的东西是最重要的东西。(参见 The Federalist, ed. Jacob E. Cooke [Middletown, CT: Wesleyan University Press, 1961], Nos. 45 & 51。)观察者现在可以假定,制宪者真实的定义和意图是那些推导出正义和福祉(这才是他们一直强调说最重要的)的东西,无论制宪者在那个时代是如何相信他们的定义和意图的。

拒绝这一对真实的探求以及反对明显的定义和意图,迫使观察者回到提取比冲突的概念更宽泛的定义上来,这就迫使观察者要在冲突的概念中选择一个。

[22] Moore, *supra* note 19, at 296-97, 340-41.

[23] Berger, *supra* note 15, at 117-33.

[24] 参见 McConnell, "The Role of Democratic Politics in Transforming Moral Convictions into Law," *supra* note 17, at 1533; Robert H. Bork, Foreword to Gary M. McDowell, *The Constitution and Contemporary Constitutional Theory* (Cumberland, VA: Center for Judicial Studies, 1985); Christopher Wolfe, *The Rise of Modern Judicial Review: From Constitutional Interpretation to Judge-Made Law*, rev. ed. (Lanham, MD: Rowman &Littlefield, 1994): 57-58。

[25] 参见 Stephen Macedo, *The New Right v. The Constitution* (Washington, DC: Cato Institute, 1987): 25, 35。

[26] 163 U. S. at 551.

[27] 我们把关于平等保护条款的最佳理解的理论上争议放在一边,不去管它所确立的原则是否代表了对等级制度的反对,或者是

否代表了一种种族中立的原则；(从历史上看，)从反对等级制到承认等级制的转换，也许发生在普莱西案和布朗案之间。

[28] Bork，*supra* note 1，at 81-84.

[29] 505 U.S. 833，862-63（1992）.

[30] 自然和逻辑则是另外的原因。我们已经理解到的自然的本质使得我们深深地怀疑：我们可以仅仅通过宣称世界可以改变的法律宣言就真的能改变世界。如下断言明摆着就是自相矛盾，"生活事实完全依赖于某些政治权威的裁断，这本来就是一种生活事实。"

[31] 有人主张，斯卡利亚也算是一个新原旨主义者。在"Originalism：The Lesser Evil"，*supra* note 16，at 861，斯卡利亚拒绝"猛药原旨主义"（strong medicine originalism），他和乌拉尔·伯格发表了联合意见：大致来说，原旨主义时刻准备吞下任何历史新发现表明的制宪者具体意图的苦涩药丸，甚至就算它能证明布朗案是一个错判。实际上，斯卡利亚拥抱的是"胆小的原旨主义"（faint-hearted originalism），同前，at 863-64，即是那些伴随着一系列革命性的宪法意图的原旨主义，或者说，是"追随宪法的不懈完善"，例证就是布朗案的判决是正确的。不仅如此，斯卡利亚还提出了他对宪法的理解，认为宪法包括某些传统，这些传统是那些区别于抽象意图性原则的特定历史实践。博克据此攻击斯卡利亚是一个保守的宪法修正主义者，换言之，一个新原旨主义者，参见 Bork，*supra* note 1，at 235-40。

[32] Keith E. Whittington，"The New Originalism，" *Georgetown Journal of Law &Public Policy* 2（2004）:599. Randy Barnett 也被认为是新原旨主义者，参见 Randy E. Barnett，*Restoring the Lost Constitution：The Presumption of Liberty*（Princeton，NJ：Princeton University

Press, 2004): 89-130。Barnett 认同在制宪者宣称的对某条款的适用中寻找宪法含义的批评。他赞成 Paul Brest 作出的论证,即不可能把若干起草者的主观预期合并成一个综合性的意图,同时,起草者们所说的那些构想也超出了他们的预见能力。*Id.* at 90[引自 Paul Brest, The Misconceived Quest for the Original Understanding, *Boston University Law Review* 60 (1980): 204]。然而,Barnett 始终是一个原旨主义者。他相信(1)语词的含义会随着时间而改变;(2)宪法之所以以成文的方式写出来,是为了约束未来的解释者;(3)不受"原初含义"制约的解释者会按照他们的意图行动;(4)忠于作为成文法的宪法就是要忠于"原初含义"。*Id.* at 94-109. Barnett 提出一种新的、更"温和的原旨主义",区别于老的、"严格原旨主义"。他将老的原旨主义称为"原初意图的原旨主义"(original intent originalism),新的原旨主义称为"原初含义的原旨主义"(original meaning originalism)。Barnett 主张:后一种原旨主义能够避免对旧原旨主义的批评,因为它没有"组合"并且运用若干主观意图;它可以从词语和字段的通常的公共含义中找到宪法含义,而这些含义就记载在诸如老的词典和文件等文献中,*Id.* at 93。

然而,从这一点来看,Barnett 的原旨主义很明显并没有什么真正创新之处。Barnett 和他追随的惠廷顿一样(*Id.* at 119-21),阐述的是一种伪装的老原旨主义。因为依赖于老词典和文件也就是依赖于词语的历史定义和适用,而不是揭示它们所代表的事物的本质(或者是对它们的一般化理解)。因为 Barnett 认为某一词语的所指的"本质"是不存在的,比如,他认为"青蛙"和"公正"等词指的不是青蛙和公正(真实的事物或者被认为真实的事物),而是人们所相信的那个"青蛙"和"公正"。由此,他断言脱离原初含义(定义和适用)使得法官按自己的意愿解释宪法,这就损伤了法律的规范性功能。一个人如果相信这些词语是从任何人都可能弄错的真实事物中拣选出来的,那么,他就会接受在探求这些事物的真相和最佳理解的过程中,必须保持始终如一的自我批判意识。这样的人因而不会同意他在老的含义(定义和适用)与按照自己意愿解释(不管他的意愿是什么样的)之间进行选择。

[33] Whittington, "The New Originalism," *supra* note 32, at 599-604.

[34] *Id*. at 604.

[35] *Id*. at 608.

[36] *Id*. at 608-09.

[37] *Id*. at 605; Keith E. Whittington, *Constitutional Interpretation: Textual Meaning, Original Intent, and Judicial Review* (Lawrence: University Press of Kansas, 1999): 160-61 [以下称 Whittington, *Constitutional Interpretation*].

[38] Keith E. Whittington, "Yet Another Constitutional Crisis?", *William & Mary Law Review* 43 (2002): 2093,2094 (这篇论文以如下题辞开头:"这不是社会危机。只不过又是难捱的一天。"出自歌曲"又是难捱的一天",by Pete Townshend, on The Who, *Face Dances* [1981])。

[39] "Won't Get Fooled Again," by Pete Townshend, on The Who, Who's Next (1971).

[40] Ben Sisario, "Listening to Rock and Hearing Sounds of Conservatism," *New York Times*, May 25, 2006 (reporting on a list of the "top 50 conservative rock songs of all time," as chosen by the National

Review).

[41] 参见 Thomas C. Grey, "Do We Have an Unwritten Constitution?" *Stanford Law Review* 27 (1975): 703, 703-04; John Hart Ely, *Democracy and Distrust* (Cambridge, MA: Harvard University Press, 1980): 1。

[42] 参见 Whittington, *Constitutional Interpretation*, *supra* note 37, at 182-87; Keith E. Whittington, "Dworkin's 'Originalism': The Role of Intentions in Constitutional Interpretation," *Review of Politics* 62 (2000): 197 [以下称 Whittington, "Dworkin's 'Originalism'"]。

[43] 参见 Bork, *supra* note 1, at 136 ("颠覆者"), 213-14 ("修正主义者"), 352 ("异端"); Scalia, *supra* note 16, at 854 [当提及德沃金这位美国公民时,称其为"牛津教授"(以及"叛逃的美国人")]。

[44] 参见 Whittington, "Dworkin's 'Originalism,'" *supra* note 42, at 197-98; Whittington, "The New Originalism," *supra* note 32, at 606-07; Whittington, Constitutional Interpretation, *supra* note 37, at 164-65。

[45] Keith E. Whittington, *Constitutional Construction: Divided Powers and Constitutional Meaning* (Cambridge, MA: Harvard University Press, 1999): 1-19 [以下称 Whittington, *Constitutional Construction*].

[46] *Id.* at 5.

[47] 参见 Whittington, Constitutional Interpretation, *supra* note 37, at 54, 58, 206-12; Whittington, "The New Originalism," *supra* note 32, at 611-13。

[48] Whittington, "The New Originalism," supra note 32, at 612.

[49] *Id.* at 612-13.

[50] 参见 Whittington, *Constitutional Interpretation*, Supra note 45, at 17-18。(1832 年南卡罗来纳州宣布联邦税收无效导致了无效危机(Nullification Crisis)。当时的联邦税收对北方工业的利益比较有益,对南方农业不利,因此南卡罗来纳州立法机关宣布它违反宪法。——译注)

[51] 参见 Whittington, *Constitutional Interpretation*, supra note 37, at 5-14。

[52] 17 U.S. 316, 406 (1819).

第七章
宽泛原旨主义

我们可将原旨主义分为三类。第一类是**抽象原旨主义**。[1]如我们在第六章中解释的那样,如果某一宪法条款是用一般性术语来书写的,抽象原旨主义认为,这些术语指的是一般性的理念或者概念。如此,"正当程序"就会被解释为正当程序,而不是任何一个人关于正当程序的特定观念。抽象原旨主义采纳了罗纳德·德沃金的观点,认为对作为成文法的宪法的忠诚要求宪法与道德哲学的融合。[2]这主要是由于宪法文本中出现了某些关于公正的道德性术语,如"公正"(序言)和"正当程序"(第五和第十四修正案)。因为宪法本身既没有定义也没有详细阐明其中任何一个术语,因为(请回顾第二章中德沃金的思想实验)建国一代的道德权威建立在他们对于后代人福祉的关注之上(反对将专断自恋的一己之权威加诸他人),"正当程序"这一术语指的只能是**正当程序本身**,而不是关于正当程序的这种或那种观念。如果再举一些其他类型的例子,比如贸易和战时工资条例,只有在其切实或者被合理推定为试图推进序言中诸如公共福利和共同防卫等目的时,才能被视为合宪性规则。对于那些认为这些术语指向的是真实事物的人来说,在经过充分的哲学和科学反思、辩论之后,"正当程序"和其他与"共同防卫"

99 "公共福利"相同类型的公正意味着它们应该意味的含义。(我们将会看到,那些否认这些术语指向真实事物的人,某种程度上则会最后停留于我们在第十一章讨论的法律实证主义上。持这种变形的怀疑论观点的实证主义者总是嘲笑"解释"和"忠诚"。)

在单独的道德哲学和与宪法融合的道德哲学之间,存在一些重要的不同;我们将在第十章廓清这些不同以及它们对宪法解释造成的影响。现在,我们来看看德沃金提出的忠于作为成文法的宪法所要求的对宪法的道德解读,我们将其称为宪法的哲学进路。[3]忠诚的解释者应该听取别人的意见,看看法律以及对历史证据、法院先例的通常理解,反思一下诸如正当程序这样的概念或理念在一般意义上以及在日常生活中最有可能意味着什么。

第二种原旨主义的类别是具体或严格原旨主义。我们在第六章中讨论过这种类别的原旨主义,在本章中还会继续涉及更多的相关问题。有一些学者主张,还存在第三种类别的原旨主义,也就是"介于"抽象原旨主义和具体原旨主义之间的中间道路。在本章中,我们拒绝这样一种骑墙派的原旨主义。我们将第三种类型的原旨主义称为宽泛的原旨主义。

宽泛的原旨主义实际上是一个由本国最优秀的宪法学家,包括布鲁斯·阿克曼(Bruce Ackerman)、劳伦斯·莱格斯(Lawrence Lessig)、凯斯·桑斯坦(Cass Sunstein)、阿希尔·艾玛尔(Akhil Amar)、迈克尔·佩里(Michael Perry)及其他人所持立场组成的大家族。[4]我们会简略介绍这个大家族,因为在本书中,我们要讨论的是基本和关键性问题,而非一一列举各种立场(因为这样无助于解决如何确定宪法含义的问题)。我们将要考查的宽泛的原旨主义,其目的在于证立一个介于具体原旨主义和抽象原旨主义之间的理论立场。我们对于具体原旨主义的批评,适用于任何宣称占据这一中间地带的立场。

I. 宽泛的原旨主义:含义、动机和前提

宽泛原旨主义者试图寻找一条介于严格/具体原旨主义与抽象原旨主义/哲学进路之间的中间道路。他们认为:基于理论和实践原因,具体原旨主义的方法"名不正"也行不通,但与此同时,他们认为哲学进路也不忠于宪法。

宽泛原旨主义者把攻击的火力集中对准了德沃金,尤其是德沃金在宪法解释中所涉的权利的内容和范围部分。他们把德沃金排在价值谱系最左端,而罗伯特·博克、安东宁·斯卡利亚、伦奎斯特则占据了最右端的位置。[5]虽然宽泛原旨主义者莱格斯在意识形态上和博克少有共同点,但是,在批评德沃金"不忠于"法律这一点上,他却做了一个博克式的评论。[6]莱格斯和桑斯坦总结道,德沃金所做的宪法道德解读与其说是一种解释路径,不如说是一种朝着左翼—自由派(left-liberal)方向改进宪法的方法。[7]宽泛原旨主义者认为,德沃金的主要问题在于,他坚决主张不惜牺牲美国宪法

的历史和传统所揭示出来的正确规律,也要去做左翼——自由派认为的那些正确的事。他们相信,要修正德沃金关于权利(尤其是隐私权、自治权等)的抽象论证,必须更加尊重历史信念及实践。因此,他们竭力呼吁宪法理论应"转向历史";而这样的"转向",实际上是逐渐地远离德沃金的哲学进路。如果没有理解错的话,我们将会发现:转向历史其实无需也不能逃避哲学反思和选择的责任。转向历史应当与哲学进路相辅相成,而不是对后者的取代。

不像大多数严格/具体原旨主义者,宽泛原旨主义者不认为转向历史是要求助于政治权利的政策。事实上,宽泛原旨主义者此举的主要动力正在于从政治权利中拯救历史。他们相信,建国时期盛行一时的国家主义和理性主义者的宪制观,较之博克、斯卡利亚和伦奎斯特等人的小政府、重州权和反理性主义,更接近于新政和沃伦法庭时期的宪制观。宽泛原旨主义者呼吁他们的自由派和进步主义者伙伴们多去关注被他们所忽视的历史,在宽泛原旨主义者看来,这些人(错误地)以为历史与他们讨论的现代问题毫无关系,甚至是一种阻碍。

宽泛原旨主义者用"抽象等级"(the level of abstraction)这一术语来定位他们占据的介于具体和抽象原旨主义之间的中间立场,他们认为"抽象等级"能很好地概括、区分宪法条款的特征。要想明白他们说的"抽象等级"究竟何意,不妨考察一下第十四修正案中的平等保护条款。[8]该条款禁止各州拒绝对"任何人"的"法律上的平等保护"。具体原旨主义者或许会说(之所以说"**或许会说**",我们缺少第十四修正案通过时的权威记录,所以只能推测他们"或许会说"),平等保护条款的意图是使全国政府制止南部州漠视新获自由的非裔后代被用私刑的现象,并且要求它们保证新获自由的人拥有财产和诉至民事法庭的权利。

而抽象原旨主义者则会在平等保护条款中发现更多。抽象原旨主义者总结出制宪者所说所做背后的原则,很可能会将平等保护条款视为一个反对所有歧视性做法和法案的总体性保护原则。他们认为这些歧视性做法和法案否定了所有平等关注和尊重,因此完全不能被证明是为了整个共同体的公共善好而作出的努力。按照这样的理解,平等保护条款也应该保护白人和黑人、男性和女性、异性恋者和同性恋者,以及不同宗教和政治倾向的人的投票权和平等参选公职的权利。抽象原旨主义者甚至宣称:这一平等原则不仅保护黑人免受私刑,还保护那些未出生的人免受私人暴力,保护穷人尤其是穷人的小孩免受不当贫困及忽视。

宽泛原旨主义者很可能会止步于前两者之间的中间地带,因为过去的美国人大多没有对未出生人和穷人的福利进行司法救济的观念,尽管他们能接受对女性、宗教少数派其至同性恋者的司法保护。抽象层面的"人"可能覆盖我们关于人的科学和道德伦理认定的所有人,具体层面的"人"就是"黑人"。而中间程度的抽象的"人"则包括"白人""女人",也可能包括"同性恋者",但不大可能有"穷人"。[9]

和德沃金一样,我们最终会证明:寻求一种中间理论是徒劳的,而唯有哲学进路、或者说道德解读才是忠于作为成文法的宪法的唯一解释策略。然而,现在,我们要再仔细看看中间道路的原旨主义论如何自我辩护。在问这种中间道路的原旨主义方法是否真的能取代哲学进路之前,我们先来考察一下宪法学家们推进这一方法的动力是什么。德沃金总结中间道路原旨主义论出现的原因之一,在于它的支持者们坚持某种缺乏事实根据的"多数前提"(majoritarian premise)。正是这一前提导致他们拒绝了建立在民主基础上的哲学进路[10];这一前提预设多数民主制天然正当;而凡背离它的,如司法审查,都是不正当的。我们在第六章已经看到、在本章稍后及更多章节也会看到,所有形式的原旨主义论,除了抽象原旨主义和心态原旨主义(mindset originalism,一定程度上也可以理解为抽象原旨主义),事实上都违背了民主政体,而且也使得民主政体在道德上很难站住脚。

奉行中间道路的原旨主义的第二个理由,可以被称为"原旨主义者的前提"(originalist premise)。[11]这一前提假定唯有某种原旨主义的方法才是唯一忠于宪法的进路。该前提起到的作用相当于原旨主义方法论的公理。正如绝大多数对公理的信仰不是由证据证出的,它也是不证自明的。产生这一前提与原旨主义者持有的某种法律概念有关。原旨主义者强调法律的规范意义。法律是规范主体行为的,就算主体主观上不愿遵守法律。法律相对于行为主体的这种特性被称为"约束力",而这种约束力在哲学解释方法那里似乎打了折扣,或者干脆被否决。忠于具有约束力的法律更接近于一种义务,或者说虔诚甚至盲目地服从权威,而不是自己去想法律的含义到底是什么。如果像共识主义者所做的那样,按照共同体的压倒性观点来确定宪法的含义,则会发现宪法很难像约束共同体的法律那样发挥作用。如果像德沃金认为的那样,如果法官按照他们自己对术语的最佳理解来解释宪法,而不是按照特定或者宽泛的理解以及制宪者们的预期来解释宪法,那么,严格或宽泛的原旨主义者会发现宪法很难约束法官。但是,在严格或宽泛原旨主义者看来,宪法是要约束所有人的,包括解释宪法的法官以及共同体本身。

从上述前提出发,原旨主义者会自然而然地提出以下两个重要问题:(1) 宪法是什么?(2) 宪法中的术语指的是什么?谈到这两个问题,我们要再一次声明,原旨主义者仅仅是拒绝接受把宪法当做它实际写成的那个样子。至于宪法是什么,第六条"最高条款"(the Supremacy Clause)明确宣称:联邦宪法、联邦法律以及联邦政府签署的条约是"国家的最高法",其他与宪法法律相抵触的则无效。这一条款从规范意义上来说,无疑是非常清楚的。同时,序言也说,宪法是为了诸如正义、共同防卫、公共福利等目的而"制定"的。由是,序言明确无误地将宪法的其他部分置于这些含义宽泛的目的以及实现这些目的的框架之下。如果我们将联邦宪法、联邦法律和联邦政府签署的条约视为高于各州的宪法和法律(如"最高条款"所示),宪法就说,我们是在实现前言设定的种种目的。由此,序言宣称宪法是某种联合宪章(a corporate charter），或者是授权某机构实现特定目标的章程（the enabling act）。当局—国民的关系（the authority-subject relationship）正是宪法的**规范性**观点（regulatory view）的一部分，这组当局—国民的关系同时也构成了更为宽泛的关系的一部分，即，从宪法**授权性**观点（enabling view）来看，宪法建立起了一种共同实现目标的关系。在宪法授权观的视角下，宪法设立代理机构以实现预期目标。原旨主义者没有进行论证，但他们认为：宪法的主导性特征即是其规范意义上的约束力。然而，宪法文本要么将授权性特征提升到主导性地位，要么留下了一些尚待解决的问题，而这些问题若要得到最好的解答，必须经由哲学思考。

当然，原旨主义者可以宣称，支持法官采用原旨主义方法的证据是最为充分的，并且，他们认为宪法的规范性是宪法的决定性特征。假如原旨主义者这样说的话，我们有两点回应。第一，我们应当注意到，按照原旨主义方法，原旨主义者的回应背离了詹姆斯·麦迪逊本人在《联邦党人文集》第40篇中构划出来的解释理论。[12]麦迪逊在该文中回应了反联邦党人的抱怨。反联邦党人称，制宪大会无视（要求修改《邦联条例》的）大陆国会提出的种种建议。大陆国会要求代表们"发布足以应付政府急务和维持联邦存在的联盟宪法（在这里，应该是条款）"以完成"修改《邦联条例》"的任务。然而，代表们不仅修改了条例，还提出了一整套全新的机制和与此前根本不同的运作原则（为个人而非为州而存在的立法机关），以及批准新法而非修订条例的模式。所有

第七章 宽泛原旨主义

这些都在《联邦党人文集》第 10 篇中得到了完美论证,该文在那个崇尚大共和国理论的时代拒绝了小共和国理论,我们在第三章[13]中已经论及这一点。

这是一个革命性的方案。麦迪逊引用了"两条受常理支配的,并且以法律公理为基础的解释规则"[14]来论证这部宪法的合法性。他说,第一条原则是,该法的每一部分都应具有某些意义,并"使之共同实现某一共同目的"。第二条原则是,如果某些部分"不能一致,则次要部分应让位于更重要的部分。为目的而牺牲手段,而不是为手段而牺牲目的"。基于上述原则,麦迪逊赞同对《邦联条例》的改造应"适应"与文件和制宪会议提出的要求。然而,麦迪逊所做的解释,在当时和现在都被视为是明显"不老实的"。尽管不乏各种反对者,他和他的盟友还是提出了一个新的根本不同于从前的宪法。

然而,麦迪逊宣称(也不是全无道理):制宪会议虽然牺牲了《邦联条例》,但实际上更忠于大陆会议。就像当时这个国家大部分民众一样,制宪会议的代表们相信:《邦联条例》是一个失败的条例。因为这个条款没有、也不是用来解决国家面临的当务之急。麦迪逊攻击政敌否认了他们不该否定的一点,即,"美国人民的福祉"比条例的存续更为重要,因为,毕竟,条例就是为实现人民福祉而达成的手段。麦迪逊奉行的原则就是假定法律服从于共同目的——这正符合他的解释规则的第一原则,他把法律的解释者当成一个为共同事业而奋斗的参与者,而不仅仅是某个只知服从更高权威的不动脑子的臣民。这幅图景中包含的"共同目的"和"共同参与"元素,与原旨主义前提中流露的威权主义形成了巨大的反差。

这没有解决问题,因为原旨主义者可以回答说麦迪逊的第一原则并不等于忠于法律,而又因为他的第一原则是用来论证第二原则的正当性的,这就意味着法律约束力这一手段被牺牲了。我们承认,如麦迪逊和他的盟友所做的那样,牺牲法律约束力手段,就越过了解释宪法和修改宪法的边界线。如果这一令人尴尬的事实不足以困扰他们,那原旨主义者就可以采用这一革命性的推翻《邦联条例》的做法来支持他们的声明(惟有法律的规范性观点削弱了对法的忠诚)。这就为哲学进路设下了一个挑战,我们将在第十章处理这一问题。然而,同时,我们要提请注意:原旨主义前提本身与制宪者们在《联邦党人文集》中大力鼓吹的以目的为导向的解释方法(ends-oriented approach)是相背离的,而这部杰作被广泛认为是原旨主义意图主义的重要思想来源。

我们对原旨主义宣称"法律的规范性特征是决定性特征"的第二个回应,是原旨主义者本身拒绝了宪法的规范性特征。如果宪法要求政府对公民实行正当程序,那么,宪法就要求政府机构按照正当程序本身或对正当程序的最佳理解而尽职作为。正如德沃金雄辩地指出,忠于作为成文法(the law as written)的宪法——也就是忠于作为实证法(the positive law)的宪法,要求宪法必须与道德哲学相结合。原旨主义者拒不认同这一要求,是因为它和他们坚持的法律如从这里出发,很明显,宽泛原旨主义者必须要证明两件事情的正当性:为什么他采取了并非最低抽象标准的第一步;以及,为什么采取了这一步之后,又没有把所有人都包括进来。假如他能证明超越制宪者具体意图的第一步,他就承认了具体原旨主义论的瑕疵。但是,如果他确实承认了具体原旨主义论的瑕疵,必然会面对另一个选择:抽象原旨主义(在实践中往往意味着哲学进路)。如果他踏出了超越最低抽象等级的这一步,他还需要为他在哪里止步作出辩护;如果不这样做,他就缺乏他想尽力避免的方法所具有的道德依据。他不得不问抽象原旨主义者会问的问题——比如说,在人的范畴中排除女性、同性恋者以及未出生的人,是否符合我们对人以及平等的最佳理解?或者,某些作为整个共同体的现实好处的声明(比如保护生育型家庭或者从提升女性的经济地位、政治参与和流动性中所带来的社会收益)能否证明前述理解的正当性?既然所有的可能性都涉及哲学反思和选择,那么,具体和抽象原旨主义之间就没有中间道路可言了。

那些转向过去的作者要么求助于过去年代写成的宪法文本中的词语和句子,要么求助于这些词语和句子过去的定义和适用。这些词语和句子的含义不是临时性的(transtemporal),它们属于过去,也属于现在和未来。那些被改变的含义也就是只能属于过去的含义,是宪法词语和句子的"老的定义和适用"(这正是德沃金所称的那种"**观念**")。既然这些语词表达的是非临时性的涵义,那么,找到它们在何运作的公理性假设相冲突,现在这个假设也许是对的。但凡有理性的人都不会宣称宪法是完美的或者无瑕疵的。[15]但是,如麦迪逊等不少人所作的论证,代表了对法律如何运作的不同的认识。没有人能成功地驳斥德沃金所说的作为成文法的宪法本身要求宪法和道德哲学的结合。如果原旨主义者有证据的话,他们一定会列出来,而不仅仅是(简单地通过原旨主义的前提来)假定他们心目中的宪法是什么,宪法术语指的是什么,以及忠诚于宪法都有哪些要求。

Ⅱ. 存在中间地带吗?

宽泛原旨主义者宣称占据了具体/严格原旨主义论和抽象原旨主义论/哲学进路之间的地带。他们力图避免加诸严格原旨主义论之上的不切实际的限制,同时也想避免他们所认为的哲学进路不加限制的特征。为了实现这一目的,他们试图按照"抽象等级"来解释宪法的词语和字段,而这个"抽象等级"高于具体原旨主义者的标准,但又窄于术语的一般性范围(也即抽象原旨主义的程度)。我们已经通过讨论平等保护条款中"人"的例子阐明了这一策略。抽象原旨主义者主张最新的关于人的理论覆盖所有人,包括女性、同性恋者,甚至有可能包括未出生的人(假如公共理性已经达到了认为未出生的人也是人的程度,那么忠于宪法的做法就会如此认定)。[16]而最为严格的原旨主义者会将平等保护的范围限定在黑人。宽泛的原旨主义者则居于前两者之间。

过去历史中所处的位置,也是一种显示出它们如何被取代以及如何成为**更优**观念(揭示出宪法含义的更优观念)的候选项的方法。转向过去的作者这样做的理由不外有二:(1)他们相信过去的观念更好;或者(2)他们相信转向过去是他们抱持的民主或法治观念的根基,而他们深信自己的民主或法治观念优于其竞争对手。在上述两种情况下,哲学反思和选择都将起作用,不管是否能流行于公众意识当中。那些假装转向过去的作者其实是装作拒绝对按照宪法含义的历史**观念**解释宪法字句的哲学拷问。据说这些作者是严格原旨主义者,尽管事实上他们就是行骗术的执业者(当然也不乏自我欺骗)。在任何情况下,都不存在抽象原旨主义和具体原旨主义之间的选项,因为要么是宪法的词语和句子的含义,要么是关于这些词语和句子含义的**观念**,二者必居其一,不能骑墙。

III."转向历史"就意味着转向真实的历史吗?

宽泛原旨主义者认定,"转向历史"便能远离总是和德沃金捆绑在一起的哲学进路。他们的这种想法似乎受到了某种法律观念的影响,这种法律观念认为法律问题应与道德问题相分离。该观念反映了对国家宪法文化的某种理解。在我们的宪法文化中,这种观念似乎成功地把道德问题抛在了一边。就像有些人说的那样:要想说服斯卡利亚大法官,自由派们就得学会使用原旨主义的论证法。[17]

我们的回答是这样的。首先,我们的宪法文化并不是如宽泛原旨主义者认为的那样,是原旨主义模式的。宪法文化明确地要求法官尊重传统,也要求宪法律师和学者尊重传统。——这正是传统的一部分,也是我们今天认为非常有效也引以为豪的。但是,这并不是要使我们的文化原旨主义者将道德哲学排除出去。[18]因为,当我们在决定将过去中的哪一部分保留下来时,我们已经在做道德选择了。每个人都同意我们过去的传统中有些部分是不值得保留的,这些部分并非我们的"传统"。原旨主义是一种"主义",一种为反对沃伦法庭而出现的保守主义的意识形态。在理查德·尼克松和罗伯特·博克发起对沃伦法庭(以及早期伯格法庭作出的隐私权判决)的攻击之前,原旨主义是不存在的。[19]按照原初理解(original understanding)[20]进行宪法解释一直存在,但把原初理解当做若干种可能的宪法含义中的唯一来源,并非当时宪法解释的通用理论,更谈不上是唯一合法的解释理论。事实上,历史总被认为是次于文本和结构的含义的、仅仅作为外围证据而存在。[21]学者们在宪法解释中论及"历史的用处",并不是主张采用原初理解就是唯一合理的忠于宪法的观念。[22]此外,这种原初理解在某个相对特定层级上,更是被理解为非决定性和和非结论性的,正如杰克逊大法官在**杨斯顿钢铁公司总统许可权案**[23]判决意见中所写的那样。

但凡我们的先父早有预见或者本该预见到的话,他们会预见到现代社会的状况,而这一切也一定会被各种文献资料加以神圣化,就像约瑟为法老释梦一样。长达一个半世纪的党派讨论和学者阐释并没有得出什么明确的结论,只是提供了供讨论议题的每一方都可引用的论据。这些论据针锋相对彼此抵牾。法院判决不具有决定性作用,因为处理这些最重大问题的司法实践总是采用了最狭义的方式解释宪法。[24]

令人遗憾的是,近年来,越来越多的法官、宪法律师以及学者似乎都失去了这样的慧眼。罗拉·卡尔曼(Laura Kalman)在宪法理论思想史著作中提到,最专业的历史学者对宪法的理解胜过了原旨主义者,但某些转向历史的宪法律师和学者则不如原旨主义者。[25]

我们要向宽泛原旨主义者提出下述问题:如果我们的宪法文化就像原旨主义者所想的那样,是原旨主义模式的,那为什么原旨主义者又总在抱怨这么多宪法案例和我们的宪法实践背离了对宪法的原初理解?[26]原旨主义者发起的一波又一波运动,事实上恰好反映出我们的宪法文化并非如宽泛原旨主义者所设想的那样。实际情况恰恰相反——德沃金是对的,他说"只要美国律师和法官采用整体性解释宪法的策略,他们就已经开始进行道德解读了",不仅如此,在道德解读的实际作用和它享有的声名之间还发生了"错位"。尽管道德解读一直存在于我们的宪法实践,但它在很多场合中却未能赢得应有的合法名声。[27]

第二,宽泛和严格的原旨主义者的错误不仅在于如何描述我们的法律实践,更严重的错误还发生在他们对于人类行为和心理活动的认知上。想想德沃金用来介绍那些一般性概念的普遍概念和具体观念(见第二章)之间区别的心理实验。他请他的读者想象一位要求孩子公平对待他人的父亲的形象,父亲能够接受孩子日后对父亲最早提出的公正观念的修正。我们认为这可能是两个多世纪以来的宪法思想史上最成功的思想实验,因为它抓住了人类行为和心理活动的多面向特征。

这种多面向特征体现在几个方面。众所周知,人们想要的通常要比能够直接满足他们当下欲望的多得多。他们有了第一顺序的愿望,还会有第二顺序的愿望。不仅想要他们想要的,而且想要得更多。问问你认识的瘾君子,他们多半会信誓旦旦地说哪有可能想什么就有什么。德沃金思想实验中的父亲展示了多面向性的另一种形式。他教导孩子们要公平对待他人,因为他认为他的教导能够使孩子们变成更好的人,而"不听老人言",则"不成器"。如果他表现出一种向孩子们学习如何变得更好的意愿,这会在孩子们的眼中——也包括在他自己眼中,树立一个更好的形象。他知道他的权威——"树人者""创造者"的好名声——建立在让孩子们在他的权威上有更大的进步。多面向性的第三个表现还体现在我们对于人类行为的理解。"进入"我们眼中的,常常比我们能理解到的"所见"更多。在通常情况下,如果一个人在暴风雨来临时突然跳起来打开窗户,这样的举动多半会让我们感到困惑。之所以会困惑,是因为我们往往在共享某些背景性假设(比如什么是对的)的基础上理解人的行为,所以无法理解人打开窗户受冷的合理性是什么。

那些将道德要求排除出宪法的原旨主义者实际上否认了人类行为和心理活动的多面向性和复杂结构。他们的解释隐晦地拒绝了德沃金关于概念和观念的区别,因为他们拒绝承认这种区别的内涵——即忠于成文法的文本要求宪法和道德哲学相融合。通过有效地否认概念与观念的区别,他们把含义简化成种种观念,将人类的行为和理解压缩到一个单一的维度。这种扁平化的结果导致了语言实践的失序,把定义、例子和应用变成了空无一物的定义、例子和应用。结果只能造成历史的失序——颇为讽刺的是,竟然还是以历史的名义。

要想知道原旨主义者如何简化历史,不妨想想制宪者对奴隶制的态度。制宪者对奴隶制的态度绝非首席大法官坦尼在**德雷德·斯科特诉桑福德案**[28]中那么简单。坦尼从美国18世纪晚期存在的奴隶制的历史经验出发,采用严格原旨主义的方法进行推理。他总结道,《独立宣言》的起草者宣称"所有人生而平等"时,并没有把非奴后裔包括在内;因此,通过宪法的"我们人民"也不包括非裔人,甚至连在宪法批准的年代已经获得了自由的、纳税的非裔美国人和参加了独立战争的非裔美国人也不能算在内。

有些学者认为"坦尼的看法歪曲了美国建国时代",我们无法为他们的这一论断辩护。[29]我们想说的是,坦尼称只要"忠于建国"就能得出站在他一边的道德判断,这确实是一种歪曲历史的说法。坦尼的言下之意是,他和他的后代对于"这一不幸的种族"有着不同于制宪者的态度。[30]然而,坦尼的后代在对待非裔美国人的态度上,与制宪者并没有什么完全不同。内战以后,越来越多的白人站在了制宪者领袖的一边,认为奴隶制是国家的耻辱。对奴隶制的道义谴责在《联邦党人文集》第42篇中赫然在列。[31]在其唯一的一部著作《弗吉尼亚笔记》中,杰斐逊发表了著名的奴隶制威胁国家的道德基础并会遭致上帝"诅咒"的檄文。[32]不容置疑,包括杰斐逊在内的制宪领袖们坚定地认为奴隶也是人;但与此同时,大陆会议删掉了杰斐逊起草的《独立宣言》中对奴隶制的批评。历史文献清楚地表明:整个国家以及它的领导者在奴隶制问题上态度暧昧,时人一方面认为奴隶制侵犯了所有人的自然权利;另一方面也深感,基于经济和社会原因,这种令人遗憾的制度仍然有必要继续存在。

  关于奴隶制讨论的历史记录是混杂的。换句话说,任何负责任地解释这一混杂记录的人想要做出什么推理,必须一本善意或者从公正出发,来解读这些材料中某一条结论优于另一条结论的说法。坦尼称,有关制宪者意图的历史证据非常清楚,完全可以得出驳回斯科特要求联邦法院作出给他自由的声明的判决意见。这样的说法显然是伪称。不论作为成文法的法律还是建国时期的历史都推导不出这样的结论。然而,我们又如何来解释坦尼作出的判决意见呢?克里斯托弗·艾斯格鲁伯(Christopher Eisgruber)的回答为坦尼的想法进行了辩护,他列出了这种想法着眼的好处:联邦的存续。[33]坦尼认为:联邦的存续有赖于奴隶制的支持,这就意味着联邦的解体将会是更严重的罪恶。[34]不得不承认,坦尼的想法确实包含了一个道德选择,尽管反对他的原旨主义论者不这么认为。

IV. 宽泛原旨主义者对罗纳德·德沃金的心结

我们曾说过,严格原旨主义者对沃伦法庭感到很恼火。宽泛原旨主义者的纠结则来自罗纳德·德沃金,他们对其藏在宪法解释方法后面的动机深感怀疑。之所以有这样的误解,是因为他们认为:德沃金对于具体宪法争议的分析明显地是在为他的政治信念服务。宽泛原旨主义者对此开出的治疗方案就是"转向历史"。除了前文已经论述过的这一提议的不切实际和欺骗性以外,我们想再替成为"靶子"的德沃金提供一些辩护理由。

第一点理由自不待言,所以我们也不多费笔墨。斯坎隆(T. M. Scanlon)对德沃金的评价得到大多数人的公认,他称德沃金是一位杰出的公共哲学家。[35]对公共哲学家来说,成为各种批评的众矢之的堪称一种荣誉。并且,对于德沃金教授本人而言,似乎没有人能比身任此职的他更享受这一荣誉了。

第二点理由也是显而易见的。德沃金在为自己的解释方法辩护时说,他对于这一方法的合理性得不出什么结论性意见。有些批评家或许会说,德沃金本人的解释缺乏足够的历史材料支持。没有任何一种方法能保证对宪法的忠实适用。德沃金使用的方法也只是代表了党派利益的一家之言,同样不能保证对宪法的忠实。作为本书作者,我们两位都不同意德沃金的观点,无论他的道德形而上学还是他在宪法权利哲学中对宪法基本规范结构的分析。然而,没有人能够证明德沃金的宪法解释僭越了我们宪法传统中的对原则的合理阐释(比如说,洛克的教义告诉我们每个人拥有自己的身体是天经地义的,杰斐逊认为国家应实行政教分离,普布利乌斯主张司法独立以保护个人权利。)制宪者没有逐一列举甚至挨个讨论生育权和性自治的权利,不能就此证明这些权利违背了可以从制宪者那里合理推导出的自由观或者植根于联邦宪法的自由观。[36] 除非你脱离整个宪法文本去解读第九修正案,并且认定我们所发现的自由含义仅仅存在于历史权威对这些术语的定义和适用中,才能证明建国时期缺乏对上述权利的保护这一观点是成立的。

V. 结论:转向历史有助于哲学方法

并不需要特别地转向历史。对宪法含义进行哲学解释的方法本身就是一种历史进路。哲学解释方法关注文本含义,这些文本的条款是在过去写成的。采用哲学解释方法探寻文本含义时,解释者会逐一阐明从一开始起就存在于宪法秩序中的传统原则。宽泛原旨主义者如果能够重新审视转向历史的过程,将其视为是与哲学进路相辅相成而不是只能二选一的方法,无疑会大有改善。哲学解释方法拒绝篡改宪法判决推理三段论中作为小前提的事实,代表了忠于理性、科学和与现实相符的法律效力的传统。并且,它通过塑造如德沃金思想实验中好父亲的方式来继续保持这样的传统：培养能够适应共同生活，同时也能对重要的共同事业不断进行自我批判的公民。

而严格原旨主义者把自己限制在虚假的定义和制宪者或建国一代对术语的使用中，代表的则是另一种父亲的形象，也就是那种自认绝对正确且希望子女完全服从自己意愿的父亲。但是严格原旨主义肯定是行不通的，单向度的历史并不存在，更不要说只通过一个声音说话。由此可见，严格原旨主义正像是为不受监督的权力而设置的绝缘外罩（用威廉·布伦南大法官的名言来说，"傲慢是人性的外衣"。）[37] 在我们这个时代，联邦最高法院的权力是有问题的，大法官中的多数正日益变成严格原旨主义者心目中理想的野心勃勃的、权威主义的父亲。

严格原旨主义和哲学进路之间没有中间道路可走，因为宪法的词汇和短语指的要么是(1) 普遍性的理念或概念，要么是(2) 与此相关的具体观念。如果你的含义理论落在第一组，你就会接受观念和概念之间的区别，以及这种区别所蕴涵的宪法解释。如果你宣称的含义理论是第二种类型的，那么你宣称的是一种严格原旨主义，并且为一个披着宪法外衣的不负责任的权威铺好了道路。[38]

而所谓宽泛原旨主义者可以自由决定要采取哪一组解释策略。这一决定最终决定了他们是接受还是回避为争议性道德选择进行辩护的负担。他们无论怎么做，都无法逃避争议性的道德选择。

¹ 正如第六章注释 7 指出，我们对惯用语抽象"原旨主义"持保留态度。然而,在本书中,我们将保留意见搁置一边。

² Ronald Dworkin, *Taking Rights Seriously* (Cambridge, MA: Harvard University Press, 1977): 149.

³ Ronald Dworkin, *Freedom's Law: The Moral Reading of the American Constitution* (Cambridge, MA: Harvard University Press, 1996) [以下称 Dworkin, Freedom's Law].

⁴ 参见 Bruce Ackerman, *We the People: Foundations* (Cambridge, MA: Harvard University Press, 1991) [以下称 Ackerman, *We the People*]; Lawrence Lessig, "Fidelity and Constraint," *Fordham Law Review* 65 (1997): 1365 [以下称 Lessig, "Constraint"]; Lawrence Lessig, "Understanding Changed Readings: Fidelity and Theory," *Stanford Law Review* 47 (1995): 395; Lawrence Lessig, "Fidelity in Translation," *Texas Law Review* 71 (1993): 1165 [以下称 Lessig, "Fidelity"]; Lawrence Lessig & Cass R. Sunstein, "The President and the Administration," *Columbia Law Review* 94 (1994): 1; Cass R. Sunstein, *Legal Reasoning and Political Conflict* (New York: Oxford University Press, 1996) [以下称 Sunstein, Legal Reasoning]; Akhil Reed Amar, *The Bill of Rights: Creation and Reconstruction* (New Haven, CT: Yale University Press, 1998); Akhil Reed Amar, "Intratextualism," *Harvard Law Review* 112 (1999): 747; Michael J. Perry, *The Constitution in the Courts* (New York: Oxford University Press, 1994). 其他阐述宽泛原旨主义的历史的著作包括 Martin S. Flaherty, "History' Lite' in Modern American Constitutionalism," *Columbia*

Law Review 95（1995）:523；William M. Treanor,"The Original Understanding of the Takings Clause and the Political Process,"*Columbia Law Review* 95（1995）:782。

⁵ 请比较 Ackerman, *We the People*, supra note 4, at 10-16（对德沃金的批评）和 Bruce Ackerman,"Robert Bork's Grand Inquisition,"*Yale Law Journal* 99（1990）:1419（对博克的批评 Robert H. Bork, *The Tempting of American*, New York: Free Press, 1990）。比较 Sunstein, Legal Reasoning, supra note 4, at 48-53（对德沃金的批评）和 Sunstein, *The Partial Constitution*（Cambridge, MA: Harvard University Press,1993）:96-110（对博克的批评）。亦可参见 Lessig,"Fidelity,"*supra* note 4, at 1260["从两个步骤的忠诚主义者视角看来,原旨主义（如斯卡利亚）及德沃金都是离经叛道者。"]。

⁶ Lessig,"Fidelity,"*supra* note 4, at 1260.

⁷ Lessig & Sunstein, *supra* note 4, at 11 n. 35, 85 n. 336.

⁸ 严格原旨主义者为了证明他们的政治立场更为合理,他们认为平等保护条款的抽象等级有所变化,参见 Ronald Dworkin, *Life's Dominion*（New York: Alfred A. Knopf,1993）:132-43。

⁹ 尽管宽泛原旨主义者抛出了不同解释,但他们中有部分人在对平等保护条款的解释中,也赞同抽象原旨主义者认为的此条适用于同性恋者和穷人的观点。

¹⁰ Dworkin, *Freedom's Law*, *supra* note 3, at 15-19.

¹¹ 我们中有人进一步论证了此一观点,参见 James E. Fleming,"Fidelity to Our Imperfect Constitution,"*Fordham Law Review* 65（1996）:1335。

¹² *The Federalist*, ed. Jacob E. Cooke（Middletown, CT: Wesleyan University Press, 1961）,No. 40, at 259。

[13] *The Federalist* No. 10.

[14] *The Federalist* No. 40.

[15] 我们也曾提出过"宪法完美论",也就是说,我们应当通过宪法使其尽善尽美。参见 James E. Fleming, *Securing Constitutional Democracy: The Case of Autonomy* (Chicago: University of Chicago Press, 2006):4-6,16,225。但这并不因此而否认我们的宪法和宪法实施中尚有诸多不尽完善之处,或者说"尽善尽美"也可能存在缺陷,*Id.* at 220-22。

[16] 关于公共理性,参见 John Rawls, *Political Liberalism* (New York: Columbia University Press, 1993):212-54; John Rawls, "The Idea of Public Reason Revisited," in John Rawls, *Collected Papers*, ed. Samuel Freeman (Cambridge, MA: Harvard University Press, 1999):573-615.

[17] 我们曾经听过阿希尔·艾玛尔详细阐述这一立场。

[18] 参议院之所以否决博克的提名,至少部分原因就是拒绝博克的严格原旨主义。

[19] William W. Crosskey may be an exception, but he was roundly criticized as exceptional. See, e. g., Henry M. Hart, Jr., "Professor Crosskey and Judicial Review," *Harvard Law Review* 67 (1954): 1456 (reviewing William W. Crosskey, *Politics and the Constitution in the History of the United States* [Chicago: University of Chicago Press, 1953]).

[20] 参见第六章,注释1,关于制宪者的意图、原初含义以及原初理解之间的关系。

[21] 参见 Jacobusten Broek, "Admissibility and Use by the United States Supreme Court of Extrinsic Aids in Constitutional Construction,"

California Law Review 26 (1938): 287。

[22] 参见 Charles A. Miller, The Supreme Court and the Uses of History (Cambridge, MA: Harvard University Press, 1969); John G. Wofford, "The Blinding Light: The Uses of History in Constitutional Interpretation," *University of Chicago Law Review* 31(1964): 502.

[23] 343 U.S. 579 (1952).

[24] *Id.* at 634-35(杰克逊的附随意见).

[25] 参见 Laura Kalman, *The Strange Career of Legal Liberalism* (New Haven, CT: Yale University Press, 1996): 167-90; 参见 Jack N. Rakove, *Original Meanings* (New York: Alfred A. Knopf, 1996): 3-22。

[26] 参见 Bork, *supra* note 5; Henry P. Monaghan, "Stare Decisis and Constitutional Adjudication," *Columbia Law Review* 88 (1988): 723。关于原旨主义理论与宪法实践的背离,参见 Michael C. Dorf, "Integrating Normative and Descriptive Constitutional Theory: The Case of Original Meaning," *Georgetown Law Journal* 85 (1997): 1765。

[27] Dworkin, *Freedom's Law*, *supra* note 3, at 2,4. 司法实践进入到"现代"时期的标志性案件是洛克纳诉纽约州案,布朗诉教育委员会案以及罗伊诉韦德案,这些案件中采用的解释方法和约翰·马歇尔大法官任内的"古典"时期的解释方法是一致的,参见 Sotirios A. Barber, *The Constitution of Judicial Power* (Baltimore: Johns Hopkins University Press, 1993):68-73。

[28] 60 U.S. 393 (1857).

[29] Herbert J. Storing, "Slavery and the Moral Foundations of the American Republic," in *The Moral Foundations of the American Republic*, ed. Robert H. Horwitz (Charlottesville: University Press of Virgin-

ia, 1986): 313, 313-16.

[30] Dred Scott, 60 U. S. at 407.

[31] *The Federalist* No. 42, at 281-82.

[32] Thomas Jefferson, *Notes on the State of Virginia*, ed. William Peden (New York: Norton, 1954): 163.

[33] Christopher L. Eisgruber, "Dred Again: Originalist's Forgotten Past," *Constitutional Commentary* 10 (1993): 37.

[34] 关于宪法对罪恶的让步与斯科特案的教训的精辟分析,参见 Mark A. Graber, *Dred Scott and the Problem of Constitutional Evil* (New York: Cambridge University Press, 2006)。

[35] T. M. Scanlon, "Partisan for Life," *New York Review of Books*, July 15, 1993, at 45, 45(评论 Dworkin, *Life's Dominion*, supra note 8).

[36] 参见 Jack M. Balkin, "Abortion and Original Meaning" (August 28, 2006), available at http://ssrn.com/abstract=925558。

[37] William J. Brennan, Jr., "The Constitution of the United States: Contemporary Ratification," *University of California at Davis Law Review* 19 (1985): 2, 4。

[38] 比较 Abner S. Greene, "Constitutional (Ir)responsibility," *Fordham Law Review* 71(2003): 1807,1825(为了转移解释宪法中道德概念的责任,批评立宪自治的某些理论,而这些理论不仅是宽泛的原旨主义更是明确的道德哲学)。

第八章
结构论

我们考察过的方法无一成功摆脱将宪法与道德哲学结合起来的需求。在疑难案件中,善意思考、辩论以及道德判断在宪法含义决定过程中起码占据了一席之地,无论是文本主义、共识主义还是(严格或宽泛的)原旨主义都不能否认这一点。但我们的叙述不能止步于此。可能还有其他一些方法会否认哲学进路与态度在宪法决定中占据的重要角色。我们最后将会致力于捍卫哲学进路,但我们首先得考察剩下的方法。

剩下的方法包括结构论以及原则论(将在下一章考虑)。在疑难案件当中,这两个方法中的任何一个能帮助我们摆脱承担哲学思考的重负与责任吗?通过考虑政府的结构,或者是在一案一判中的司法原则,解释者能够避免道德判断吗?为了在疑难案件中获得导引,结构论者求助宪法对于职位、权力以及关系(relationships)的总体安排,这些在过去被称作"作为整体的宪法的含义"。宪法主要的结构性原则包括联邦主义、权力分立以及民主。然而,结构论是一个外延宽泛的术语——以至于结构论最著名的辩护者小查尔斯·L.布莱克(Charles L. Black, Jr.)不仅通过援引结构性规范来评价制度实践,并且还用来确定个人权利与少数人权利,据称这些权利对于充分的公民权必不可少。[1]例如,据最知名的结构论者之一的约翰·哈特·伊利(John Hart Ely)所言,妇女不享有堕胎的宪法权利,因为宪法的"开放性"条款("正当程序""平等保护"及第九修正案)应当仅仅包含那些对代议制民主而言必不可少的"未列举"权利,他主张宪法首要的结构性价值是代议制民主。[2]但伊利的这一见解不无争议,他的民主观也并非毫无异议。不同意伊利堕胎权见解的结构论者可以援引**计划生育诊所诉凯西案**(1992)中的联合意见,称堕胎权的有效性(availability)在于让妇女越来越多地像男性一样参与到政府、经济以及社会之中。[3]这类结构论者也许会坚持堕胎权在宪政民主中对实现妇女充分的公民权而言必不可少。

诸如此类的异议反映了这一事实,即美国民众对个人宪法权利的结构问题及其含义一直存在不同的看法。这一事实也适用于我们在此处将要讨论的三个结构性原则:联邦主义、分权以及民主。我们在**马卡洛诉马里兰州案**看到人们对美国联邦主义的性质(国家联邦制对抗州权联邦制)存在不同看法,这些不同看法延续至今,反映了宪法基本规范属性上的根本分歧。本位主义者(departmentalism)与司法垄断主义者之间的辩论涉及谁可以解释这部宪法——究竟是政府各部门都分担宪法解释职责,还是法院是独一无二的解释者。这是更大范围讨论的部分内容:不同权力分立理论(反映了积极宪制主义与消极宪制主义之间的不同)与不同民主理论(一边是多数主义者所设想的,另一边是宪制主义者所设想的)。[4]所以,不存在没有争议的宪法结构原则理论。问题不是宪法整体的含义是什么,而是我们应当如何断定这一含义。我们不能将结构阐述成可以避免实质性哲学选择的一种方式;只有通过作出实质性哲学选择,我们才能阐述结构。

原则论也同样如此,这种方法将宪法含义与法院在个案中对宪法的解释结合起来。事实上,所有长期存在司法原则都有不同的解释,这足以表明原则论不能提供摆脱哲学思考及选择的途径,例如"隔离但平等"(将在第九章深入讨论)以及第一修正案"明确而现实的危险"标准(其解释对言论自由的保护从相对较弱变动到相当严格)。[5] 在进行任何此类探究之前便可得知,如果原则论可以减轻我们哲学责任的负担,其代价必然会与严格原旨主义/意图主义的代价相同。原则论让我们不再困于制宪者对宪法条款的定义与适用,并由此困在他们的世界观中,取而代之的是,它让我们困于老法官的观点中,最终会让宪法及其讨论产生不符合实际的看法。例如,**普莱西诉弗格森案**认为强制种族隔离作为宪法不会对少数族裔造成伤害,不管这种伤害是科学事实上的,还是常识性的。在第六章中我们看到意图主义的奠基者在**布朗诉合众国案**[6]中失败了,我们将在第九章中看到原则论者同样的命运。

Ⅰ. 结 构 论

如我们所见,某些学者提议法官在疑难案件中可以根据宪法结构的原则进行推理,从而摆脱对哲学进路、态度与选择的需求,或者将这种需求减少到最低限度。[7]"宪法结构"这个短语通常指全国政府与州政府之间、全国政府各个部门之间、政府与民众之间的关系,总而言之,是对官职、权力以及关系的总体配置,据称这种配置体现在宪法文本以及宪法史的既定事实当中。对于构造和维护政府合理结构的强烈关注构成了美国宪法争论的显著特征。很少有人会否认美国法官应当以维护宪法结构的方式来行使权力。然而,在疑难案件中,结构论者几乎不能消除对哲学进路与态度的需求,因为宪法文本及宪法历史包含的没有争议的结构信息相对较少。例如,从结构看,美国显然是某种民主国家,民众与政府至少部分是委托人和代理人的关系,决定(decisions)由各个不同的机构分开进行处理,这些部门以有限的方式正式或非正式地与其他部门相互制约。但仅凭这一点并不能解决美国宪法创立了何种形式的民主制这个问题——例如,我们究竟是如同伦奎斯特首席大法官所设想的那样(参见第二章),拥有一个多数主义的代议制民主,还是像罗纳德·德沃金以及《联邦党人文集》所设想的那样(参见第二、三章),拥有的是立宪民主制,能就多数派可能对民众的所作所为施加实质性限制。

"联邦主义"和"分权"也同样如此。在面对联邦主义的最佳理解是什么这个长期存在的争论时,"联邦主义"诉诸了什么样的善？假如宪法文本或宪法传统就"分权"传达了明确的信息,我们就不会历经两个世纪争论司法权力性质与范围的问题——当前讨论的解释方法通常只被视作该争论中的部分内容。如果体现"结构论"的实例能够表明任何内容的话,它们表明了意见分歧的历史或传统居于结构问题之上,表明了法官通过说明结构不能解决结构问题。负责任的法官在某一时刻必定会问一个他们经常询问的问题:应当如何来考虑我们的结构?这就是说,对于我们制度结构及制度遗产的最佳理解是什么?而这至少部分是一个哲学问题。为了支撑这个一般性结论,我们要简单回顾一下美国宪法史中涉及主要结构问题的重大案件,这些问题包括美国联邦主义的性质,对宪法体现的民主制形式的最佳理解,以及法院与立法机构在保护结构性规范中的责任划分。

II. 联邦主义的基本结构:从马卡洛案到加西亚案及之后

马卡洛诉马里兰州案[8]是结构论的典范:按照结构论的观点,法官会权衡国会权力、州权以及延伸而来的个人权利,从宪制结构中得出结论。在**马卡洛案**中,马歇尔首席大法官回答了(1)国会组建国家银行的权力以及(2)马里兰州向银行征税的权力的问题。第一个问题的出现,部分是由于宪法没有赋予国会明示的权力来组建银行或其他任何机构。马歇尔用一个复杂且具有洞察力的论证解决了这个问题。马歇尔以这一理论开始:人民(而不是州)为了诸如经济繁荣与国家安全的总目标而制定宪法。接下来,他认为宪法第一条第八款列举的特定国会权力是实现这些总目标的手段。

随后将第一条第八款中的"必要和适当条款"以及第十修正案解释为准许国会在追寻委任目标时有权行使所需的未列举或默许的权力。⁹

马歇尔并没有说国会可以随心所欲地选择任何手段。他说这些手段不能被"宪法的文字和精神"所"禁止",或与之不一致。马歇尔称这些手段必须"适合"与"显然适应于"某些委任的目标。¹⁰如果未来国会越权,要求司法审查,马歇尔就可以用这些概括性词语作为阻挡对他的主要攻击的防御墙。但马歇尔的宗旨看上去是清楚的:国会在决定如何追求委托的目标时可便宜行事,并且无需担心侵犯到保留给各州的领域。然而,对于州权而言并非如此。因为针对第二个问题,马歇尔在**马卡洛案**作出不利于马里兰州的判决时,认为州不能利用他们在其他场合的合法征税权来阻挠国会的政策。¹¹只是同州政策相冲突并不足以使国会的法案无效;与联邦政策相冲突则足以让州的法案无效。

直至 1964 年联邦最高法院判决**亚特兰大之心汽车旅馆诉合众国案**¹²时,马歇尔为**马卡洛案**赋予的全部意义才得到广泛理解。**亚特兰大之心案**支持 1964 年《民权法案》的公共设施条款。这一法案授权国会行使管制州际贸易的权力,在某些类别的商业中禁止种族歧视,其中包括饭店和旅馆。联邦最高法院在没有干扰先例的情况下维护了这一法案,先例判决把规制这类事务中种族歧视的权力仅仅交给了各州。这些先例在当时是有效的,在今天依然有效。所以,在联邦最高法院自身先例判定由州管控的领域,法院准许国会行使贸易权力来替换州的政策。因而,**亚特兰大之心案**彰显了**马卡洛案**早在145年前暗示的内容:相较于并非(直接)属于国会权限范围以内的州在某些领域的(如种族、教育以及公共道德)自主,国会对良性经济(以及国家的其他目标)的考量是更加重要的宪法目标。**马卡洛案**的要点,正如《民权法案》大肆宣扬的那样,就是美国人生活的几乎所有方面最终都必须符合国会对经济福祉的看法,因为它们不能与国会的看法相冲突。

马歇尔没有按他以往的方式解读宪法,因为他只能这么做。马里兰州有它自己的解释,根据这种解释,在州保留领域,国会只能在对促进国家目标而言绝对必要时才能行动,这是一种狭义的理解。如果国内各州有着显著不同的生活方式,马里兰州的解释青睐的是一个由有着多元化生活方式的州组成的国家,国会确保最低限度和最小争议的国家安全以及州际商业关系。马歇尔拒斥马里兰州对联邦制结构的观点,因为他拒斥直接促成马里兰州观点的杰斐逊式美国愿景。正值这个国家仍可能走上杰斐逊的道路时,马歇尔赞成汉密尔顿的对未来美国的设想。(这些设想大致相当于小共和国和第三章讨论的大型商业共和国的愿景。)马歇尔认同汉密尔顿的设想,因为它反映了马歇尔所认为的真谛(true teaching),即约翰·洛克的政治哲学。马歇尔的洛克式假定是支持**马卡洛案**中所陈述的联邦—州关系理论的基础。[13]

其后的联邦最高法院判决,始于**斯科特诉桑福德案**[14],

成熟于1918年的**哈默诉达根汉姆案**[15],成为证明**马卡洛案**之后的联邦—州关系的二元联邦体制理论的试验。与马歇尔秉持的理论不同,州的特权构成了联邦权力的宪法边界。例如,在**哈默案**中,联邦最高法院认为国会不能规范童工问题,因为这样做就违反了对它权力的限制,并且侵犯了州的主权。当联邦最高法院在1941年推翻**哈默案**[16]时,马歇尔的观点又重占上风,且在1976年的**全国城市联盟诉尤塞里案**[17]之前一直居于支配地位。正如在第一章指出的,联邦最高法院在**尤塞里案**中认为国会不可以规范州与地区政府雇员的工作时间与工资,因为这样会侵犯州的主权。实现国民经济一体化的要求使**尤塞里案**令人难以接受,不到十年,联邦最高法院就在1985年的**加西亚诉圣安东尼奥大都会运输管理局案**[18]推翻了**尤塞里案**的判决。即便如此,宪法包含的联邦制结构这一有着重大分歧的争议几乎仍没有结束,在以1992年的**纽约诉合众国案**及其续篇(progeny)[19]与1995年的**合众国诉洛佩兹案**及其续篇[20]为代表的一系列案件当中,联邦最高法院为二元联邦制的愿景注入活力。显然,法律学者与理论研究者并不能在联邦制结构问题上达成共识,所以联邦制结构并不能提供避免哲学思考与判断的路径。

加西亚案对于结构性问题而言意义重大,它的结构性问题不局限于联邦制,甚至比联邦制更加基本,我们回头再来谈这个案件。为避免读者不理解我们所说的一般性结构论以及特殊的联邦制,我们将分析一个更加经典的案例,1872年的**屠宰场案**。[21]**屠宰场案**证明了结构主义立场的部分内容,该部分宣称在涉及个人权利与少数权利的疑难案件中,法官可以根据结构主义的前提进行推论。同时,**屠宰场案**阐明我们对结构主义另一部分观点的反驳,该部分提出结构主义理由,将其作为避免哲学思考与选择的途径。在**屠宰场案**中,联邦最高法院确实根据结构前提推论出宪法权利。但这些前提在当时及以后都是有争议的,并且,随着历年以来这些争论的展开,联邦最高法院已经放弃了其中的一些前提。

屠宰场案中的法律问题是,新奥尔良准予一个公司垄断屠宰业及路易斯安那的立法是否侵犯了其他屠宰主权利,这些权利受以下条款的保护(1) 第十四修正案中的特权或豁免条款;(2) 修正案中的正当程序条款;(3) 修正案中的平等保护条款;或(4) 第十三修正案的禁止强制劳役条款。塞缪尔·F. 米勒(Samuel F. Miller)代表多数意见答复道,正当程序条款保护程序性的权利,而不是这些独立屠宰主要求承认的从业权[22];正当程序条款是为"将黑人作为一个等级加以歧视,或由于他们种族的原因而加以歧视"的案件准备的[23];强迫屠户使用一个特定的屠宰场或退出屠宰业,并不是第十三修正案制定者心里所想的"强制劳役"[24];对于该案件首要的关键问题,米勒认为特权和豁免条款所保护的是某些狭义的权利,如有利用联邦政府服务与便利的权利(法院、海港、首都),而不是为所有自由的政府保障的基本人权,例如(有争议地)取得财产的权利以及从事某一行业的权利。[25]

在持不同意见的法官看来,米勒的意见剥夺了内战及内战修正案做出的更宽泛的制度承诺:改变联邦制的基本结构,且该意见听任州政府为所欲为地侵犯那些与狭隘的种族正义观没有关联的基本人权。在持异议的法官看来,特别是在大法官菲尔德(Stephen J. Field)看来,这些权利不只是一些习惯权利,而是"自然和不可剥夺的"[26]。就米勒而言,他没有掩饰自己的动机,他想要一个能够让内战及内战修正案对联邦制基本结构产生最小影响的意见。南北战争之前的体制将联邦宪法的权利主要视作是针对全国政府的,而州政府则可以随心所欲地对待自己的公民。旧体制这方面的内容暗示了一种多数主义,这种多数主义导致道格拉斯(在林肯—道格拉斯的辩论中)坚称州和领地的多数派拥有托管奴隶的权利[27]——最终的观点是人类的习俗和共同体(而不是"自明的真理"或"自然"或"自然的上帝")完全决定着政治上的正确与否。由于林肯反多数主义的如此理解,这个国家才能将内战及内战修正案理解为多数会犯错的暗示,且民主制与其他形式的政府一样,应当努力尊重基本人权。

屠宰场案的多数意见并不这样看待问题。米勒想要尽可能多地保存位于公民权利之上的州权力。他认为自己对"我们制度的结构与精神"有一个清晰的看法,并指责认为联邦保护特权与豁免权的少数意见与这一结构相背离。[28]正如他所说:"在这些修正案中,我们看不到有任何摧毁这个一般体制主要特征的打算",也看不到摧毁联邦制结构的打算,这一结构在内战以及内战修正案之前就已经存在。[29]

存在着相互冲突的理解,且至少有一种立国观点赞同持异议的法官,与这些事实相比,此处持异议的法官是否更好地理解了联邦制的"结构与精神"并不那么重要。回顾一下《联邦党人文集》第 10 篇(在第三章中讨论),麦迪逊认为就控制多数派系的影响,从而对任何公正的政府都会尊重的权利表示敬意而言,全国政府比州政府要更好一些。于是,麦迪逊向第一届国会提出了特定良心自由以及由陪审团审判的权利,不但保障他们不受国会的侵害,而且还不受州政府的侵害。[30] 在这里,与麦迪逊提出该议案的事实相比,该提案在参议院遭到失败并不那么重要。因为这个事实显示了联邦保障不受州侵犯的权利至少与《联邦党人文集》第 10 篇——是对美国宪制结构最具影响力的解释——的理论相契合,并且可以论证它隐含在这一理论当中。参议院对麦迪逊提案的拒绝很可能偏离了《联邦党人文集》第 10 篇的设想。而如果这样的话,**屠宰场案**中的少数意见对内战修正案的理解又返回到这一理论之中——该观点认为权利不可剥夺且实际存在,并不是习俗的;这些权利不能由地方多数的偏见而限定;当论及尊重基本权利的时候,全国性政府的组织与结构使其比州政府更可靠。

法院后来摒弃了米勒对正当法律程序条款以及平等保护条款的解读,如今,联邦法院利用这些条款来保障广泛的基本权利免遭州的侵害,包括《权利法案》中的大多数权利以及隐私权。我们虽然没有正式推翻这些进展,但在实际上已经撤销了米勒对特权或豁免条款的狭义解读。[31] 米勒在联邦制的基本结构以及宪法基本权利内容的问题上是否正确,现代联邦最高法院的批评者让这个问题保持着某种程度上的活力。[32]在我们的联邦体制内,要负责任地回答这个问题,需要我们仔细展开(development)并审查支持某种宪法权利理论胜于另一种理论的理由。这些论证的部分内容是哲学的,因为它们不可避免地都把法定权利与历史、道德以及科学的理由结合起来。

这把我们带回至**加西亚案**,该案件还突出了不同的联邦观之间的另一个冲突,对我们民主形式的性质这个更基本的结构问题也产生影响。就**加西亚案**一个案件而言,由哈利·布莱克门大法官执笔的多数意见(5∶4)成就非凡。它推翻了**尤塞里案**的判决,使州—联邦关系的法律回到**马卡洛案**当中马歇尔的大致方向上(如果不是严格意义的话),并且认为州的利益最好通过州参与全国性的政治进程进行保障,而不是由以州权名义对国家政策作出司法限制性来保障。

正如布莱克门所理解的那样,州权是**程序性**的权利,不是**实质性**的权利或预防特定结果发生的权利。[33]州再也不能声称拥有实质性权利的司法强制执行权(judicially enforceable),例如决定州雇员的工作时间及工资的权力。州只能声称拥有这些权利,即有权参与国家政策制定过程,决定这种工作时间及工资将是什么。布莱克门称,这就是制宪者打算在联邦制结构中如何保护各州的首要内容,并且,在联邦漫长的历史当中给予各州(土地与金钱),这证明了制宪者策略的有效性。

加西亚案有三个反对意见,路易斯·鲍威尔的反对意见最富有理论性,它宣称,通过将州的角色变成国会的某种恩赐,而不是对宪法权利拥有司法强制执行权,多数意见将司法在两个世纪以来的维系州—联邦适度平衡的责任抛弃了。[34]对于国会判断其相对于州的权力范围,鲍威尔指责其违背了制宪者的期待,即期待州起到国家权力平衡力量的作用。"**程序……是实施宪法限制更为适宜的方式**",鲍威尔对这个更加抽象的建议也进行了谴责。他认为,削弱了州对于州政府职能的控制力度就削弱了民主,因为它"对州与地方层面上非常有效的目标管理的民主完全视而不见"。[35]

这种粗略的解释足以表明布莱克门与鲍威尔(马歇尔也一样)之间的争论已奔向波涛汹涌的深水区,这迫使我们追问:针对州权是联邦权的平衡力量以及大共和国相较于小共和国的优点等问题,我们应该如何理解制宪者的意图?宪法建立的是哪一种形式的民主自治?将制宪者放在一边,民主的最佳概念是什么,与大区域相比(全国性政府),民主其实在小区域内(例如,在州与地方政府)更加成功吗?程序性权利与实质性权利之间基本的区别与联系是什么,司法能有充分的理由保护某一种权利而不保护另一种权利吗?不仅在保护政府结构方面,而且在保护个人权利方面,立法机关与法院的各自角色是什么?[例如,司法"次级实施"(underenforcement)结构性规范,将更加充分的结构性规范实施权留给法院以外的国家政治进程,这存在充分的理由吗?][36]权利究竟是什么?在州权与少数人的权利之间是否存在原则性的区别?如果可以将界定实质性州权的责任托付给立法机关,那为什么不能将决定实质性个人权利与少数人权利内容的责任托付给它呢？这些都是**加西亚案**中布莱克门—鲍威尔辨论横跨历史、哲学以及科学等领域的问题。

布莱克门将州权简化为程序性的权利,这值得作更进一步的讨论,因为它与结构主义者一个更大的计划有密切关系,即将个人权利与少数人的权利简化为程序性权利。尽管这些结构主义者一般都反对将州权简化为程序性的权利,但许多思想保守的人士会将个人权利与少数人的权利简化为程序性的权利,因为他们同博克一样,相信对个人及群体而言最重要的权利是选择代表的权利,这些代表投票将选民的社会偏好、经济偏好甚至道德偏好制定成法律。[37]因此,妇女的权利是投票选举赞成堕胎的候选人,而不是违背立法机关限制堕胎的意图(view)行事的权利。尽管如此,许多自由派会将州权简化为程序性的权利,但他们反对将个人权利及少数人的权利简化为程序性的权利。

布莱克门在**罗伊诉韦德案**(1973)[38]中对堕胎权的立场表明他是一个自由主义者,他反对将个人权利简化为程序性的权利,但是,作为新政和沃伦法院拥护者所面临的两个难题的一种出路,其他的自由派法官及理论研究者欣然接受这种对个人权利的结构主义简化。这两个难题涉及(1)后新政时期在个人权利与财产权利之间的"双重标准"以及(2)在强势法院与民主之间所能感知的冲突。

Ⅲ. 卡罗琳产品案脚注四与"民主"

在《美国宪法解释》中,我们同墨菲(Walter Murphy)以及马切多(Stephen Macedo)一起讨论了与斯通大法官在 1938 年**合众国诉卡罗琳产品公司案**(*United States v. Carolene Products Co.*)著名的脚注四相联系的"双重标准",即司法尊重涉及财产权利的立法及严格保护人权。[39] 像在 1905 年的**洛克纳诉纽约州案**[40]中,第十四修正案中的"自由"一词被解释成免受州干涉的"合同自由"。到了 1938 年,对合同自由的严格司法保护已成为过眼云烟。此时联邦最高法院将正当程序条款之下的实质自由限制在言论、出版、集会以及宗教方面(据称它们被"吸纳"进"自由"一词当中)。然而这一条款不仅明确关系到"自由",也关系到"财产",如果联邦最高法院要保护言论与出版的自由,那为什么不同样保护合同自由呢?有什么理由不对财产权给予类似的保护呢——尤其是在一个"大型商业共和国"中?

脚注四尝试着回答这个问题。在该脚注的三个段落里,哈伦·菲斯克·斯通大法官描述了可能准许对立法进行"更为透彻"司法审查的三种情况,这与法院通常会运用的顺从立法的审查(deferential scrutiny)不同。第二段表明了司法对于言论、出版及结社自由的特别关注,这些权利是"通常被期望能够取消令人讨厌的法律的政治进程"的某些方面。第三段呼吁对涉及种族偏见与宗教偏见的法律进行

"更为透彻"的司法审查,"这些立法往往严重地削弱了那些通常用以保护少数的政治进程"。[41]如果脚注当中仅有这些段落,那么,在保护程序性权利(宽泛意义上的程序)的外衣之下,使受到优待的实质性权利与特定自由免遭歧视,就会排除对财产权利的特别司法保护。但是休斯大法官显然想要更加明确地承认联邦最高法院在宪法文本之下运行,坚持要求提及具体的宪法保障,而斯通则想得到休斯的投票支持。所以斯通重拟了脚注,现在的第一段表明司法不仅特别关注程序性权利,而且同样关注"特别的"宪法禁止,其中就包括实质性权利。[42]斯通显然认为提及"特别的"权利会将"只被正当程序条款的笼统说法所禁止"的权利排除在外,例如合同自由。[43]但重拟的脚注出于三个方面的原因打消了这一预期:它将实质性权利恢复至受保护的权利类别(既然许多特别的禁止都是实质性的);旁观者眼中依然保留特异性(Specificity);正当程序条款明确指代的是"自由"及"权利"。斯通改变这些事实的努力徒劳无功——联邦最高法院在人权领域内继续保护与拓展"未列举的"实质性自由。作为专门结构导向或程序导向的立宪主义基础,脚注四并不成功。

伊利在其著名的《民主与不信任》一书当中,通过贬低第一段中实质性的含义并且将其保护简化为(连同第二、三段的保护)程序性的权利[44],试图复活**卡罗琳产品案**脚注四的结构主义法学。伊利认为,尽管脚注四提及实质性权利,但是宪法的存在主要是为了确保所有政治利益群体在政策形成过程中的平等参与,伊利认为这个目标包含相对无权势的种族、少数民族以及宗教少数派的不作区别对待的效果(results)。对于伊利而言,若一项利益属于真正的权利,主要取决于它从伊利代议制民主这个底线信奉(baseline commitment)中能够推导出的外延。例如,尽管第一修正案明确规定了言论与出版自由,但它们是真正权利的原因并非其存在于文本中,而是在民主程序中所处的地位。出于同样的原因,伊利认为堕胎权与合同自由权并不是真正权利:对于代议制民主政治程序的运行而言,他们并非不可或缺。总之,伊利认为法官可以通过从宪法的民主结构中推导出权利,使判断何种权利值得司法保护的哲学风险与负担降至最低。

作为一名理论研究者,伊利无法证明其民主观念要优于其他人的观念,例如立宪主义者的观念,该观念强调实体性权利构成多数派对个人及少数派所作所为的限制,即使这些民主程序在其他场合能够正常运转。[45] 如果没有主体部分是哲学上的努力,伊利就不能证明所有这些内容,因此,他无法避免将宪法理论和道德哲学结合起来,尽管他的目标与此相反。[46] 伊利也不能说明法官怎样才能避免将宪法与政治哲学融为一体。

法官不会凭借从宪法民主结构当中推断出来的无争议结论来避免哲学上的责任,因为他们不得不决定是像一名立宪主义者那样思考宪法结构,还是像一名多数主义者那样思考宪法结构,如果他是一名立宪主义者,是属于积极还是消极类型的(正如我们在第二章及第三章中所看到的)？其实,立宪主义者同多数主义者在我们政府规划(scheme of government)上的观念冲突,是一种概括宪法思想中未决难题的路径。简单宣告宪法的结构基本上是多数主义的,并不能让法官避免将宪法与道德哲学合为一体,因为宪法并没有一个多数主义的概念。因而,就沃伦法院选举权改革以及州立法机构议员名额分配改革的问题,像伊利这样的多数主义者与像博克这样的多数主义者持不同意见(伊利为这些改革辩护而博克谴责这些改革)。[47]即使伊利从宪法结构推断出反对堕胎权的结论,这也需要一个哲学理由,而他并没有提供这一理由。为什么将反堕胎立法理解为歧视妇女(我们在第九章中考察这一观点),或理解为胎儿道德地位的褊狭宗教信仰是错误的?[48]为什么这些类型的偏见与伊利式结构论(第三段)所禁止立法中的种族及宗教偏见有所不同?[49]通过探究这些问题,我们不是在暗示不能解答这些问题,而是在强调我们所理解的宪法责任,这个责任就是设法回答这些问题。

这类问题不可回避,似乎使结构方法与字面意义、共识、意图以及其他方法一样充满争议。问题不仅在于为什么选择程序和结构而非实质,而且还在于结构是什么。所有的结构性判决都来自于对这个问题的回答。解释者面临的选择在于是否为自身的回答负责。对于结构性问题,一个负责任的方法需要将历史、哲学以及科学探索结合起来,不能回避哲学思考与选择。正如我们在接下来的一章将要看到的,原则方法或以"浅而窄"的方式追求"一案一判"判决的"最低限度"方法,也不能回避哲学思考与选择。

---

¹ 参见 Charles L. Black, Jr., *Structure and Relationship in Constitutional Law* (Baton Rouge: Louisiana State University Press, 1969),及其 *A New Birth of Freedom: Human Rights, Named and Unnamed* (New York: Grosset/Putnam, 1997)。许多学者追随布莱克:例如 James E. Fleming, *Securing Constitutional Democracy: The Case of Autonomy* (Chicago: University of Chicago Press, 2006):90-91(通过建构对自由及平等的公民权而言必不可少的基本自由结构,力主推进"布莱克的未竟事业")。与许多结构主义者不同,布莱克并不将结构阐释视作解释者由此能够避免对宪法含义作出实质性判决的方法。

² 参见 John Hart Ely, "The Wages of Crying Wolf: A Comment on *Roe v. Wade*," *Yale Law Journal* 82 (1973):920; John Hart Ely, *Democracy and Distrust* (Cambridge, MA: Harvard University Press, 1980):15-21, 98-101[以下称 Ely, *Democracy and Distrust*]。

³ Planned Parenthood v. Casey, 505 U.S. 833, 856 (1992); Cass R. Sunstein, *The Partial Constitution* (Cambridge, MA: Harvard University Press, 1993):283-84(对凯西案的分析)。然而,在"The Wages of Crying Wolf"及 *Democracy and Distrust* 中对罗伊案的著名批评并不是伊利对罗伊案所下的最后定论,当联邦最高法院在凯西案中重新确认了罗伊案的判决之后,伊利写了一封他所谓的"粉丝来信"给作为该案联合意见作者的三名大法官。伊利赞扬他们的意见是"卓越的","不仅是因为达到了对我而言似乎是合理的结

果,而且为拒绝推翻罗伊案的判决作出了杰出的辩护"。John Hart Ely, *On Constitutional Ground* (Princeton, NJ: Princeton University Press, 1996): 305. 伊利添加了对这封信的一段评论:"罗伊案为更普遍化的男女平等运动做出了伟大的贡献,这对我而言不仅仅是善,而且符合我们宪法的中心主题。"同上。

[4] 更全面的讨论,参见 Walter F. Murphy, James E. Fleming, Sotirios A. Barber, and Stephen Macedo, *American Constitutional Interpretation*, 3rd ed. (New York: Foundation Press, 2003): 43-59, 274-89, 448-54。

[5] 将 Whitney v. California, 274 U.S. 357 (1927) (对第一修正案自由保护并不充足的恶劣倾向原则) 同 Dennis v. United States, 341 U.S. 494 (1951) (弱明确而现实的危险标准) 以及 Brandenburg v. Ohio, 395 U.S. 444 (1969) (强明确而现实的危险标准,对表达自由具有相当的保护) 相比较。

[6] 347 U.S. 483 (1954).

[7] 参见例如伊利的著作,*supra* note 2。

[8] 17 U.S. 316 (1819).

[9] *Id.* at 411-15.

[10] *Id.* at 421.

[11] *Id.* at 425-37.

[12] 379 U.S. 241 (1964). 马歇尔在 Gibbons v. Ogden, 22 U.S. 1 (1824) 中著名的意见也是亚特兰大之心案判决的重要基础。

[13] 参见 Robert K. Faulkner, *The Jurisprudence of John Marshall* (Princeton, NJ: Princeton University Press, 1968): 102-13; Walter Berns, "The Meaning of the Tenth Amendment," in *A Nation of States: Essays on the American Federal System*, ed. Robert A. Goldwin, 2nd

ed. (Chicago: Rand McNally, 1974): 139, 150-58。

[14] 60 U.S. 393 (1857).

[15] 247 U.S. 251 (1918).

[16] United States v. Darby, 312 U.S. 100 (1941).

[17] 426 U.S. 833 (1976).

[18] 469 U.S. 528 (1985).

[19] 505 U.S. 144 (1992); Printz v. United States, 521 U.S. 898 (1997).

[20] 514 U.S. 549 (1995); United States v. Morrison, 529 U.S. 598 (2000).

[21] 83 U.S. 36 (1872).

[22] See id. at 80-81.

[23] Id. at 81.

[24] Id. at 68-72.

[25] Id. at 75-80.

[26] Id. at 96 (菲尔德的反对意见).

[27] Abraham Lincoln, "Address of October 16, 1854, Peoria, IL," reprinted in *The Collected Works of Abraham Lincoln*, ed. Roy P. Basler (New Brunswick, NJ: Rutgers University Press, 1953): 2: 247-83.

[28] 83 U.S. at 78.

[29] Id. at 82.

[30] James Madison, "Speech in the House of Representatives, June 8, 1789," reprinted in *The Mind of the Founder*, ed. Marvin Meyers (Indianapolis, IN: Bobbs-Merrill, 1973): 210, 217.

[31] 许多学者对屠宰场案提出批评意见,并呼吁推翻该案判决,将特权或豁免权条款恢复为基本权利的基础。联邦最高法院通过

将这一条款援引作迁徙自由的基础,让该条款还余留一些生命力。参见 Saenz v. Roe, 526 U. S. 489 (1999)。

[32] 参见例如 Robert H. Bork, *The Tempting of America* (New York: Free Press, 1990): 180-83。

[33] *Garcia*, 469 U. S. at 550-51, 554.

[34] *Id.* at 560—61(鲍威尔的反对意见)。

[35] *Id.* at 566(黑体为原文所加),576.

[36] 司法对特定宪法规范的"次级实施",而将对这些规范更充实的实施的权力留给立法机关和行政机关,参见 Lawrence G. Sager, *Justice in Plainclothes: A Theory of American Constitutional Practice* (New Haven, CT: Yale University Press, 2004): 93-128.

[37] 参见例如 Bork, *supra* note 32, at 121-26。

[38] 410 U. S. 113 (1973).

[39] Murphy, Fleming, Barber, and Macedo, *supra* note 4, at 683-91(对 United States v. Carolene Products Co., 304 U. S. 144, 152-53 n. 4 [1938]的讨论).

[40] 198 U. S. 45 (1905).

[41] 304 U. S. at 152-53 n. 4.

[42] 参见 Murphy, Fleming, Barber, and Macedo, *supra* note 4, at 684 (reprinting letter from Hughes to Stone)。

[43] 参见 *id.* at 685 (reprinting reply from Stone to Hughes)。

[44] Ely, *Democracy and Distrust*, *supra* note 2, at 73-101. 我们中的每个人都在别的地方批评过伊利的理论,参见 Fleming, *supra* note 1, at 19-36; Sotirios A. Barber, *On What the Constitution Means* (Baltimore: Johns Hopkins University Press, 1984): 19-37。

[45] 关于民主的宪政观念,以及我们以宪制形式的民主制取代多

数代表民主制,参见 Murphy, Fleming, Barber, and Macedo, *supra* note 4, at 43-59; Walter F. Murphy, *Constitutional Democracy: Creating and Maintaining a Just Political Order* (Baltimore: Johns Hopkins University Press, 2007): 1-19; Fleming, *supra* note 1, at 10, 61-85; Stephen Macedo, *Liberal Virtues* (New York: Oxford University Press, 1990): 163-202; Ronald Dworkin, *Freedom's Law: The Moral Reading of the American Constitution* (Cambridge, MA: Harvard University Press, 1996): 15-26; Frank I. Michelman, *Brennan and Democracy* (Princeton, NJ: Princeton University Press, 1999): 3-62。

[46] 其实,伊利和德沃金的宪法理论之间的关系极为密切,都明白无误地将宪法与道德哲学结合起来。参见 Fleming, *supra* note 1, at 24-26。

[47] Ely, *Democracy and Distrust*, *supra* note 2, at 88-104,相较于 Bork, *supra* note 32, at 194-96。

[48] 参见例如 Ronald Dworkin, *Life's Dominion* (New York: Alfred A. Knopf, 1993): 148-68(主张限制堕胎的立法不仅侵犯了妇女的生育自主权,而且侵犯了她们的宗教信仰自由,因为这种立法涉及强迫妇女遵照官方对什么是神圣生命的要求的观点); Sunstein, *supra* note 3, at 257-61, 270-85(主张这类立法构成对妇女的歧视)。

[49] 伊利对堕胎权的最后观点,尽管他对罗伊案判决的批判闻名遐迩,但他赞成加西亚案重新确认罗伊判决,参见前引注 3。

第九章
原则论与最低限度主义

I. 原 则 论

在法律制度的存在期间,诸如**马卡洛诉马里兰州案**[1]以及**屠宰场案**[2]这类案件(在第八章中讨论)只出现一次,特定宪法条款在这些案件中首次适用于司法。宪政体制越是成熟,律师与法官就越不会直接考虑宪法条款,而是透过以前案件的重重解释来看待这些条款。这些过去的解释宣称他们明确表达了约束未来法院的原则,这些原则的形式是规则或先例。这类规则或先例的例证之一,就是平等保护条款的"隔离但平等"的原则,它是由**普莱西诉弗格森案**[3]宣告的,遵循**普莱西案**判决的法院会将该案称作"先例"。

为什么一个古老的案件应该成为一个判例,其规则或先例适用于未来的案件,确切来说这是一个难以充分解答或圆满解答的问题。[4]宪法中的这个问题益发困难,在该领域,人们普遍认为法院可能偏离宪法含义,而以后的法院也可以通过推翻古老案件判决的方式来取消他们的判例价值(precedential value)。(其实,人们常说先例的分量在宪法当中比在普通法律当中更轻,因为法院推翻一个关于宪法的错误先例解释,这是以第五条正式程序修正宪法的唯一替代途径,而正式程序非常繁琐。)但是,向古老的案件表示敬意是有原因的(例如,出于对一致性、稳定性以及可预测性的关注),毋须彻底深入到这些原因之中,我们便能确认美国宪法实践包含着有限的遵循先例的政策(让先例如同判决时那样保持不变),尽管古老的案例并非毋庸置疑,也要让它们在司法认定宪法含义时变得重要。

135

同宪法性文本中可以看到的惜字如金相比,诸多古老案件可以用更多的细节为宪法条款增色添彩,这个事实也许会诱使你产生这种看法,在疑难案件中相对严守遵循先例的原则能大大减轻哲学思考及选择的重负。例如,你也许会相信如果沃伦法院依据**普莱西案**来判决**布朗诉教育委员会案**[5],对我们恪守的"法律的平等保护"含义而言,就可避免作出有争议的哲学选择。如果你相信这一点,并且如果你还相信融合宪法与道德哲学实际上是非美国式的、危险的(回顾第五章中哲学进路的反对意见),你或许会在宪法解释中支持原则论的方法——尽管这实际上意味着将纠正司法错误的工作委托给非常繁琐的修宪程序,毕竟严格的先例方法(假定我们应该能够确定先例的含义)会让未来的法院失去纠正往昔法院所犯错误的能力。

除了很难改变司法错误这个教训(wisdom)之外,原则论方法还会产生许多问题。但是,我们在这里更加关注的是原则论的基本假设是否正确:在疑难案件中,原则论方法确实能够减轻哲学选择的重负,这是真的吗? 遵循**普莱西案**,

联邦最高法院就能在**布朗案**中避免艰难抉择了吗？让我们看一看这些问题。

先例通常是一连串（lines）或一系列（series）的判决，那些遵循先例的法官一般都会探究整体系列所表明的法律含义。联邦最高法院在考虑**布朗案**的时候所面临的形势就是这样；遵循的先例不仅指向了**普莱西案**，而且还有在其间发生的阐释"隔离但平等"原则的案件，特别是 1950 年的**斯维特诉佩因特案**。[6]在**斯维特案**中，联邦最高法院一致裁定得克萨斯州不能仅凭两所法学院的图书馆及其他"有形设施"旗鼓相当就满足了平等保护条款的要求：一个是为黑人新建的法学院，一个是为白人保留的颇为完善的得克萨斯大学法学院。联邦最高法院的主要理由是，黑人的法学院不能提供等同于从白人法学院获取的职业水准，因为黑人的法学院将州 85% 的人口排除在外，此外，从这里毕业的未来的法官和律师，大多数都必须视为专业人员。这一理由让种族隔离的法学院不可能满足宪法的需求，人们普遍认为**斯维特案**是在公立教育之外的其他领域对**普莱西案**"隔离但平等"原则的一个威胁。如果这样解读的话，**斯维特案**就让始于**普莱西案**的一系列先例模糊不清，并且迫使联邦最高法院面临棘手的选择。

然而，这一例证并不表明在一系列先例当中冲突不可避免。原则论方法的辩护者可以辩称**斯维特案**不在**普莱西案**的家族之列，**斯维特案**偏离了先例，因此是一个错误。如果**斯维特案**更为道德并因而有吸引力，这个辩护者也许会补充称:"那么你应当考虑为什么民主需要遵循先例的原因,你也许就会意识到纠正此类错误的代价。"

但是,我们的原则论者不能只通过断言**斯维特案**否定了**普莱西案**来证明事实就是如此。在**斯维特案**中,首席大法官文森(Fred M. Vinson)在代表联邦最高法院的意见中称法官并没有偏离**普莱西案**。其实,文森在决定**斯维特案**的判决时对两个法学院的设施进行比较,似乎接受了**普莱西案**的框架。正如文森理解的那样,**普莱西案**称只要设施平等就可以隔离。由于文森对此表示认同,所以他关注设施的质量(及平等性)。因此,即使**斯维特案**在不同的时间和地点对一组不同的**事实**有独特的评估,它还是遵循了**普莱西案**所确立的**规则**。

出于坦诚,会要求我们必须得出"文森在**斯维特案中**对**普莱西案**的尊重是表面文章或毫无诚意"这个结论吗?这取决我们如何解读**普莱西案**。可以不带偏见地将**普莱西案**的原则描述为"隔离但设施平等"。在**普莱西案**中,亨利·布朗大法官代表的多数意见并不包含对"设施"或意义相当的概念进行分析。根据该意见也不清楚布朗的"设施"是否排除了"无形的设施"。即使我们假定他的"设施"一词意味"只是有形的设施",问题依然没有结束。因为布朗仍然可以将教师视为有形的设施,而且人们很容易假定他会这么做。[7]

想象一下,如果一个种族主义的市政当局为黑人修建了最先进的教学楼,却任由这个教学楼完全处于无教师配备的状态。法院会宣告该学校违宪而公然违背有形设施平等原则吗？现在想象一下，如果该市政当局通过聘请无资格或不能胜任的教师来应付这一宣告。如果白人学校里都是些能胜任的教师，那么这种应付算是平等的有形设施吗？假定该市政当局的下一个步骤是证明这些不能胜任的教师堪当此任，法院还能够认同这最后一个步骤而致敬**普莱西案**吗？

除非这真的是一个规则，否则法院就不会认同。如果市政当局仅凭签发资格证书就可以让不能胜任的教师适任，就能通过类似的方式使其他的不平等设施变得平等。无论是"隔离但平等"的规则还是其他的规则都不会成为这个市政当局的问题，因为它可以仅凭宣称自身遵从了规则而遵从规则。并且，对于该市政当局而言是真实的情况，一般而言对于州的机构也是真实的。在这种情况下，**普莱西案的规则**就不会是我们所确认的法律规则。由于**普莱西案**的规则不能在违背所确认主体（州及其从属单位）意愿的情况下约束他们，所以就不是一个法律规则。判决，若不可能在违背主体意愿的情况下约束这些人，就不属于法律规则范畴。

因此，在某个时刻，接受**普莱西案**判决的法院一定要决定什么是满足宪法目标需求的教师素质水准。既然素质是行动者（agent）达到目标的能力，而且是具有相应效率地达到目标的能力，所以，在决定教师素质的最低标准时，需要在某种程度上留意教育目标。因此，将**普莱西案**视作先例并不会使参与其中的法院少一丁点的思考、争论与选择。让州立机构自身决定什么是平等设施的构成因素，这很难称得上是向**普莱西案**致敬。

由于这个原因,在判决**斯维特案**时,忠于**普莱西案**要求文森主导的联邦最高法院就设施平等的构成是什么这个问题形成一个认真负责的意见。联邦最高法院假定进入法学院本身并不是一个终结,人们通常为了成为律师才进入法学院,这个假定是可靠的。联邦最高法院还假定,如果法学院不能平等地为有才华、有积极性的法科学生提供事业有成的准备,那它就是不平等的,这个假定也是可靠的。联邦最高法院进一步假定——在今天看来是有争议的,但仍是认真负责的——成为成功的律师意味着在诸如法院、职业协会以及政府机构这类地方获得成功。换句话说,联邦最高法院假定,事业有成即是在政治经济的主流文化中获得成功,这种主流文化是属于白人的。所以,联邦最高法院得出结论,平等的准备要求教师具有声望,要与政治经济的主流文化有联系。在任何领域内,少数族裔的法科学生若要增进人际交往以提高成功的几率,有同班同学出自这种文化也是必需的。此处的假定及选择明显是有争议性的,但只是由于这一事实才让**斯维特案**与**普莱西案**不一致吗?

即侩**普莱西案**没有明确这么说,你也许会继续坚称该案在理论上不仅仅代表着隔离但平等,而且还代表着隔离**优先于平等**(spearate *over* equal),如果这两者不能调和。你**可以**以这种方式理解**普莱西案**,但公正对待布朗的意见迫使你这么理解吗?是否可以这样理解**普莱西案**:隔离这一更为迫切的需要允许此种程度的平等化?或是否可以这样理解**普莱**

西案:可以允许隔离一直到不公平对待黑人和白人的程度？最后这一说法可以说是对普莱西案的一种理解方式,或许这可以解释为什么文森在斯维特案中感到没有必要推翻普莱西案。或许这还可以解释为什么布朗案的判决意见没有聚焦于普莱西案对宪法的理解之上,而是集中于该案的世界观上(正如我们在第六章中看到的那样)。布朗案做了实情调查,表明隔离实际上对少数族裔学生造成了伤害,布朗案对普莱西案的否定的内容是"与该发现相反……任何语言"。[8] (我们的分析与凯西案的联合意见存在着相似之处,联合意见的分析认为,布朗案根据对事实变化了的理解推翻了普莱西案。)[9]

在理解普莱西案、斯维特案以及布朗案时将所有这些内容铭记于心。接下来考虑法理学中两个得到广泛支持的命题:(1)在疑难案件中,法院不能以给未来所有案件提供无非议答案的方式来表述自己的结论。(2)古老案件很少只有一种理解方式。如果你对这些案例的理解使得前述命题变得合理,那你就会认同在疑难案件中遵循先例并不能消除有争议的选择。因此,在这类案件中,原则论的方法不能逃避哲学思考的负担与责任。

Ⅱ. 最低限度主义:原则论的实用主义变体

凯斯·R.桑斯坦提议用他所谓的"最低限度主义"来解释宪法,这是原则论的一个实用主义的变体,法官由此在判决时严格地"一案一判"。[10]最好用促成桑斯坦提出"最低限度主义"的原因来理解它:他关注的是联邦法官"理论上的野心"(theoretically ambitious)将太多问题(例如堕胎、性取向)从由选举产生的立法机关的权限范围内移除,从而也就从公众选择的权限范围内移除。桑斯坦的主攻目标是罗纳德·德沃金通往宪法含义的方法,或我们所称的哲学进路。[11]桑斯坦称这种方法导致了有理论雄心的判决[如**罗伊诉韦德案**以及**劳伦斯诉得克萨斯州案**],这些判决剥夺多数群体商议有分歧的道德问题并通过商议就这些问题达成共识的权利。因此,桑斯坦提议的"最低限度主义",就是在决定宪法问题时"法官应当采取严格的、不具有理论野心的步骤"。[12]

我们希望立即获得最低限度主义更加清晰的图像,但我们一开始就注意到桑斯坦的论证存在并不十分清晰的内容:他的解释立场分为两个部分(two-part affair)。平心而论,桑斯坦的提议当中,只可将一部分的内容描述为"最低限度主义"。另外,在我们看来,最低限度主义的这部分内容并不处理**宪法解释**问题:它没有为解释者提出该如何发现宪法含义的建议。更确切地说,最低限度主义这部分内容是关于**司法策略**的理论。法官是最低限度主义确定的读者,桑斯坦将其关注点称为"司法机关的宪法解释"。然而当建议法官采纳最低限度主义的时候,他任由"公民及其代表"自由采纳他所称谓的"第一序列至善论"[13]——即罗纳德·德沃金所谓的道德解读,以及我们所谓的通往宪法含义的哲学进路。

最低限度主义不是向法官及其他解释者建议如何发现宪法的含义,而是告诉法官在他们决定这个问题**之后**再做什么。换句话说,最低限度主义告诉法官在宪法案件中他们应当确定的内容,而不是如何决定宪法的含义。

然而桑斯坦确实提出了如何决定宪法含义的理论。这一理论构成了其立场的第二部分内容。但第二部分的内容不是最低限度主义;如同我们要看到的那样,它其实就是我们所谓哲学进路的版本之一。阐明并重组桑斯坦立场的两部分内容,使我们可以向法官提出如下建议:(1) 首要的是像德沃金那样发现宪法的含义;然后(2) 告诉民众他们最好应该听到什么。桑斯坦的立场在法官角色以及宪政民主性质等方面引发出诸多问题,特别是宪政民主之中的**责任**理论问题(回顾第三章)。但我们目前对桑斯坦立场的兴趣是有限的。我们只是试图表明(1) 桑斯坦的宪法解释方法从本质上而言是哲学式的,并且(2) 他的"最低限度主义"是法官在决定宪法含义为何之后应当向公众做些什么或说些什么的理论。

桑斯坦的宪法解释方法从本质上而言是哲学式的,从他对标签的选择就可以初步表明这一点。他称德沃金的方法(我们的"哲学进路")是"第一序列至善论",而将最低限度主义称为"第二序列至善论",这足以表明最低限度主义与我们所谓的哲学进路是有区别的。回顾一下桑斯坦的标签所代表的内容,我们可以看到他在宪法案件当中辨别出司法行为的四种策略。第一种策略[与赛耶(James Bradley Thayer)相关]是法官应当让立法屹立不变,除非立法"明显违反了宪法")——例如,一个"明显错误",严重地违反了合理的质疑。第二个策略(与乌拉尔·伯格和其他的原旨主义者相关)是法官应当将他们判断的基础建立在"(宪法)文件原初、公开的含义之上"。第三个策略(桑斯坦的方法)是最低限度主义,法官应当"谦虚地以他们自身的先例为基础",而不是进行"宽泛且有野心地"裁决。第四个策略(与德沃金相关)是法官应当将宪法描绘成道德上最佳的宪法,"并且在此意义上完善宪法"。桑斯坦称,这些策略没有一种是"由宪法本身裁决而不用讨论"的,每种策略"必须通过参考解释者所提供的某些理由方可得到辩护"[14],而且,这些理由必定是"完美主义"性质的——这就是说,是道德的或是哲学的。

桑斯坦的最后一点内容清晰且坚决。我们全文引用他的论述:

> 任何一种方法都试图让这个建国文件尽可能地完善,从这个意义上而言,每一种方法都是至善主义的。撒切尔主义是一种至善主义,它宣称要改进宪法秩序。如果以最大程度的同情来理解原旨主义,它是至善主义的一种形式,它提议,如果理解正确,立宪民主最好通过原旨主义建构起来。最低限度主义也是一种至善主义,它拒绝接受撒切尔主义及原旨主义,理由是它们会让立宪体制变得更糟。看来,撒切尔主义、原旨主义、最低限度主义以及至善主义之间的辩论要在至善论自己的地盘上展开。如果是这样,至善论坚称任何宪法解释方法

都必须努力符合宪法且为宪法辩护就是正确的。也许从某种意义上而言,至善主义的替代品同样都是至善主义的。[15]

虽然这是一个重要的段落,但它在我们讨论的这个阶段应该不会引发争议,因为桑斯坦此处只是承认哲学论证在为宪法含义或司法策略的任何一般方法辩护时的必要性。然而,桑斯坦的评论没有触及我们的主要论点。在这里,桑斯坦讲了一些他作为宪法理论家的活动。**他**必须为最低限度主义提供一个哲学论证,就像其他哲学家不得不为他们的立场提供哲学论证一样。在法官决定具体宪法问题的活动上,桑斯坦的这些论述并不能证明什么。**法官**(或其他的解释者)配备了桑斯坦为最低限度主义所作的哲学论证(无论该论证可能是什么),就能够利用最低限度主义的教义,以摆脱有争议的哲学选择的方式来决定具体宪法问题吗?要理解答案为什么是否定的——换句话说,要理解为什么最低限度主义并不是对德沃金融合宪法与政治哲学呼吁的回应——我们要思考桑斯坦对最低限度主义所作的进一步观察,我们还要考察桑斯坦对某些涉及个人自由权与自主权的重要案件的评论。

桑斯坦称"没有一种宪法解释方法在每一个可能的世界都言之成理",且每一种方法主张"必须部分取决于一套关于制度能力(institutional capacities)的判断"。[16]因而,在自身"民主进程非常公正且充分的地方"——例如,在那里没有种族隔离,且"政治性言论不会被禁止""联邦主义与权力分立得到保障,并且精确到合适的程度",所有的这些都不需要"司法介入"——那么法官在宪法裁判时采纳撒切尔方式会"产生巨大的意义"。另一方面,如果代议机制表现不好,且从尊重宪法权利和宪法制度的角度来看,"原初的公共意见相当出色",那么原旨主义方法"似乎是最佳的"。当原初含义不够充分,而法院与代议机关相比更有能力、品行端正且智力超群,那么德沃金的方法是最佳的。在保护权利和制度的时候,"原初意见并不那么出色","民主进程虽然不错但并非很好",且"法官如果独自决定(strike out)就会表现不佳,而如果他们谦虚地以自身的先例作为基础,就会做得很好",那么最低限度主义的方法最佳。[17]

因此,在一名法官能够决定采取最低限度主义以前,她看来必须决定:(1)关于宪法权利及/或宪法机构的最佳观点;(2)原初含义是否与宪法权利及/或宪法机构的最佳观点相一致;(3)民主进程在多大程度上向着宪法权利及/或宪法机构的最佳观点前进;以及(4)当前,法院在满足宪法权利及/或宪法机构的最佳观点上,是否可能比民主进程做得更好。这些道德判断及非道德判断,其复杂性与理论上的抱负无需赘言。它们至少同德沃金尝试解决的所有问题都一样有野心。最低限度主义的法官在面对公众时也许会佯装情形并非如此。例如,她更多会说以下一些内容:对同性恋亲密行为的特别起诉是不符合宪法的,这只是因为这些控诉依据的相关法律太罕见了,无法让公众知道什么是可以期待的,而知道应该期待什么是法治的标志。法官对公众说些什么是一回事,然而她自己的所思所想又是另一回事。法官的所思所想是:无需其帮助,关于同性恋的舆论就位于正确的方向上,而如果冒失地领先舆论宣布同性恋者亲密联系的权利,那她就会将事情弄得一团糟。如果此处存在最低限度主义的话,那它并不存在于法官如何理解宪法之中,而存在于法官如何向公众展现自己的司法策略之中。

现在,我们通过回顾桑斯坦对从**格瑞斯沃德诉康涅狄格州案**到**劳伦斯诉得克萨斯州案**中隐私权及亲密交往权的分析,感受他所呼吁的司法最低限度主义。一开始就应强调,我们在这里并不是要对所讨论的实质性问题表明立场,例如避孕、堕胎以及同性恋等问题,而是要考察桑斯坦的最低限度主义:尽管(据桑斯坦自称)宪法体现了保护有争议性权利的实质道德原则,法院也应当避免全面阐释这些原则,避免保护这些权利。

桑斯坦认为联邦最高法院在**格瑞斯沃德案**中太过野心勃勃。对他而言,用司法权力强制实施范围广泛的隐私权利太"冒险"了,因为正当程序条款之下范围广泛的隐私权利会导致法官宣布(declare)特定的隐私权利,而多数公众可能会反对这种权利,对于桑斯坦而言,范围广泛的隐私权利意味着非民主。[18]桑斯坦并不是要在**格瑞斯沃德案**中持有异议,而是想要在此案当中采取一条不同的路线。桑斯坦依赖并激活"废止"(desuetude)(政府长期忽视执行某项政策)的理念来作为法院废止立法的宪法基础。桑斯坦称,联邦最高法院与其确认一项隐私权,不如基于"在法律缺乏执行力时,以及在……"推翻康涅狄格州对于避孕品的禁止。"[19]桑斯坦认为,对已婚夫妇执行这一立法在当时缺少公众的支持,而这一立法真实的作用在于阻止节育诊所向穷人提供帮助。[20]他主张基于废止理念的判决会让隐私权问题保持在更加广阔的开放状态。这一策略也许会在那些"拒绝同意任何'隐私权'或对隐私权的根据与限制不确定的人群中引发共鸣"。[21]桑斯坦将其"最低限度主义"方法的合理性建立在民主的基础之上——当法院用现成可用的最狭窄的理由判决眼前的案件时,他们对公众多数的限制就是最小化的。

  桑斯坦在**格瑞斯沃德案**采取的立场令人想起迈克尔·佩里在**罗伊案**采取的立场,我们在第五章讨论了佩里的立场。两位学者都属于近代传统(modern tradition)之列,属于这一传统的人包括斯通大法官(第八章中讨论)、伦奎斯特大法官(第二章中讨论)以及比克尔教授(第三章中提及)。这一传统将不设防的(undefended)民主观视为我们宪法的最高价值,并且认为在某种意义上宪法权利与这一观念相符。该传统的信条之一就是,在阐释正当权利程序之中提及的"自由"时,法院应当将自身受限于享有公众支持的自由之内。然而这种立场本身很可能缺少公众支持。正如我们在以前的章节中看到的那样,这种立场与宪法的语言相冲突,与可追溯至《联邦党人文集》的传统相冲突,而且,当"自由"不过是民众希望其如是的东西,这种立场让其辩护者处于解释的困境,即"民主"为何能够且怎么能够指代民众不能自由界定的真正价值。

最低限度主义的另一个问题在于废止,按照定义,废止不能成为让寻常实施的法律无效的根据。**罗伊诉韦德案**[22]之前约束堕胎的法律提供了一个例证。桑斯坦论证堕胎权的方法恰好表明了他信奉的审议民主是如何塑造法律推理并限制法院的。桑斯坦相信,平等保护条款包含着与社会等级制度相反的原则,这一原则谴责将诸如非裔美国人或女性等特种类型的人贬低至二等公民地位的法律。因此,正如他解释的那样,平等保护条款禁止基于性别的歧视。[23]桑斯坦认为,限制堕胎的立法有选择地将献身帮助弱势群体(胎儿)的义务强加在妇女身上,州并没有让男性承担这个负担(例如,父母不需要为自己的孩子捐肾)。[24]这种有选择地不公平负担源自因循守旧的"女性恰当角色观",以及女性长期存在的"二等公民身份"。[25]因此,限制堕胎是性别歧视的形式之一。身为宪法理论家的桑斯坦,通过此种方式达到这一结论,完成了一种解释的行动,至少,卷入其中的内容(implications)似乎与**格瑞斯沃德案**、**罗伊案**中卷入的内容同样宽泛。与作为隐私的自由(liberty-as-privacy)相比(在**格瑞斯沃德案**与**罗伊案**中),桑斯坦不歧视女性的原则及不歧视构成"等级"的其他人原则,丝毫没有"最低限度主义"的意思。

然而,桑斯坦推论称法院应当以累积的、狭窄的、谨慎的方式行事。因此,他对**罗伊案**提出批评,认为这是一个有野心的"最大化"判决,事实上几乎将州关于堕胎的所有立法都宣布无效。桑斯坦提议称一个适宜的累积式的方法,应当以废除强奸与乱伦的情况下禁止堕胎的立法开始。[26]这就会让民主政体有时间来设法解决更加全面的道德问题,并且(也许)最终会保护基于性别平等的更全面的生殖自由权,而不是联邦最高法院在**罗伊案**中所确认的自由权或隐私权。[27]因此,桑斯坦混淆了权利的本质与权利实施的步伐。**最后**,他希望或设想,平等保护之下的堕胎权会与正当程序之下的堕胎权保护同样全面。桑斯坦不能表明步步为营为什么或怎么样与一种而非另一种权利根据更加相关。法院不能像其慎重地阐述平等理念那样阐述自由理念吗?桑斯坦也没有表明平等保护权利是如何比正当程序权利的争议更少。不亚于布莱克门在**罗伊案**的推论,桑斯坦的推论也取决于有争议的哲学选择,例如胎儿的人格,以及终止妊娠与拒绝捐肾在道德上的等价性。

谈到桑斯坦论证同性恋者权利的方法,他宣称法院不应剥夺民众以民主程序商议关于法律如何处置性取向的道德问题的权利。桑斯坦大体赞同联邦最高法院在1996年**罗默诉埃文斯案**宣告科罗拉多州第二修正案无效的判决,该法绝对禁止州及地方旨在保障男同性恋、女同性恋以及双性恋者免于歧视的立法。[28]在宪法上,基于性取向的歧视与种族歧视是否同样错误(或可疑),**罗默案**回避了这个问题,它转而裁定平等保护条款不允许州使某一类型的公民成为"其法律的局外人"。**罗默案**裁定正是第二修正案的蔓延,与所有合法的政府利益主张相抵触,准确地说该修正案表明它怀有"敌意"或"公然……想要伤害在政治上不受欢迎的一群人"。²⁹桑斯坦提出,通过"浅而窄"的判决,联邦最高法院在确认民主需求而非司法推理的需求方面步步为营,而且将依据合法公共目标更加严谨的禁令能否通过审查的这个问题搁置起来。³⁰

桑斯坦提出了一个对**劳伦斯诉得克萨斯州案**³¹的不同评价。在这里,他认为联邦最高法院应当避免宣告除异性恋之外,同性恋的隐私权及自主权也受到保护。相反,他说联邦最高法院应当基于废止而撤销得克萨斯州禁止同性鸡奸(而不是异性肛交)的立法。然而,替桑斯坦因废弃而无效规则(void-for-desuetude rule)辩护的原则本身就是有争议的。当适用于同性肛交时,该原则是:"如果没有强有力的理由,如果实施的相关法律不再能声称从实施的州或全国得到重要的道德支撑,州不可以让刑法适用于两厢情愿的性行为。"³²如其所述,该原则意味着:(1)"两厢情愿的性行为"的权利,这是(2)选民对抗官员的权利,而不是对抗舆论的权利。"两厢情愿的性行为"应具有的任何权利问题都是有争议性的,该问题牵涉到自由及隐私的主题。在既定的政策领域(性道德),民选官员不能够脱离公众的支持而独立行事,这使自由——隐私的问题与民主制中代表性质的问题混为一体。(在这里,我们回顾一下第三章的内容,《联邦党人文集》心仪的是一种政府,这种政府在某种程度上能够且应当独立于舆论而行动。)舆论能否合理确定所有权利的内容与强度,这是一个关于权利性质的问题。所有这些都是道德哲学与政治哲学的问题。

桑斯坦认为,道德哲学以及政治哲学的方法绝对不在法官们律师式方法的工具箱(tool box of lawyerly methods)里。桑斯坦的观点看来是这样的,只要协商民主**最终**可以维护宪法原则,法院就应当遵从民主进程。这与德沃金的法院作为维护宪法权利"原则论坛"的自由模式形成对照[33],桑斯坦的司法最低限度主义模式濒临为了协商进程而让这些权利牺牲掉。目前为止桑斯坦面临的问题依然存在:法院的袖手旁观需要多长的时间?有些人本可以合法地主张宪法保护,但法院疏于保障(underenforced)他们的权利,他们必须在民主的舞台等待得到保护,这些人花费的人力成本是什么?对桑斯坦而言,正义的延迟并不是否定正义。或者说,从整体上看(特别是因这种延迟而在协商民主中得到的利益),正义的延迟是有着正当理由的拒绝。

桑斯坦确实意识到民主进程也许会出现错误,意识到在保护民主进程中处于不利地位的人当中,法院扮演了适当的角色。[34]然而,桑斯坦恪守的司法最低限度主义是通往司法渐进主义之路,似乎会为了民主进程而削弱前面说过的那种保护。再次回到堕胎的事例上,他认为女性是在民主进程当中遭受损失的群体,而法院应当在取消限制堕胎的立法当中起到某种作用。但是,桑斯坦在**罗伊案**中提议,相较于"最大化主义"的方法,司法渐进主义(例如,从撤销强奸、乱伦的情况下禁止堕胎的法律入手)会是一条更佳的路线,而且他担保司法渐进主义会让立法机构形成(fashioning)性别平等的权利与生殖自由,会比联邦最高法院在**罗伊案**中形成的权利与自由更加宽泛、更容易接受。³⁵ 州立法机构在没有**罗伊案**情况下是否会如此行为，这一点颇具争议。³⁶ 无论如何，由于强奸、乱伦而寻求堕胎在全部堕胎中所占的比重微乎其微，而这种有限的权利会导致许多妇女在没有法律依赖（legal recourse）的情况下设法终止妊娠。在这里，考虑到怀孕的短暂性，迟到的正义就不是正义。正如桑斯坦承认的那样，如果存在基于性别平等的反等级制原则为堕胎权提供强有力的论据（根据平等保护条款），为什么妇女非得等待民主政治的昭雪（democratic vindication）不可呢？对于这个问题，完全不具有"理论上的雄心"的答案是不存在的。

谈到**罗默案**中的"最低限度"，它代表不了对有争议哲学问题的回避。**罗默案**对**鲍尔斯诉哈德威克案**不置一词，这大有文章可作，而且人们对此说了很多。联邦最高法院在**鲍尔斯案**中得出结论，多数人对同性鸡奸是不道德行为的"假定信念"为刑事禁止这一行为提供了合理基础。³⁷ 随后**劳伦斯案**的判决推翻了**鲍尔斯案**的判决，**并且将罗默案与凯西案**都援引作为削弱**鲍尔斯案**基础的案例。³⁸ 然而这个结果绝不是一个预先注定了的结论。可以将**罗默案**理解为暗中推翻了**鲍尔斯案**的判决，也可理解为将这两个案件之间的明显冲突置于从属地位。因为，正如斯卡利亚大法官在反对意见中所指出的，**罗默案**中被联邦最高法院指责为不足以剥夺公民权利的对同性恋者"纯粹的敌意"，正是在**鲍尔斯案**中证明刑罚合理的道德谴责。³⁹ 桑斯坦试图通过划出一道并无说服力的界线来调和这些案件，（他认为，**罗默案**最低限度的决定应当将它们区分开来,)将"向前看"或平等保护条款的批判性功能(即使是长期存在的历史实践,如果拒绝承认平等保护,也会受到它的批判),与"向后看"或正当程序条款的维持现状的功能(它保护长期存在的历史实践,使其免于遭受短期或有欠考虑的违背)区分开来。[40]而德沃金无疑是有道理的;出于原则及宪法解释完整性的考虑,联邦最高法院在**罗默案**中应当更加直接地触及到这个潜在问题:尽管宪法允诺了自由与平等,但对同性恋的道德谴责能否成为不平等对待他们的正当理由?[41]判断这个问题需要进行哲学上的选择。

桑斯坦恪守的司法最低限度主义,不能简单理解为是由他的法律推理理论以及他对类比推理的提倡所引起的。相反,即使是类比推理的过程,最低限度主义也会对其进行限制。正如桑斯坦解释的那样,类比推理的关键性步骤发生在法院必须要制定一个规则之处,该规则既要证明原先案件的结论是正当的,又要将这一规则适用于新的案件。这是一种判断行为,涉及在旧规则的可替代阐述之中进行选择,因为在旧案的规则之上通常不存在没有争议的阐述。例如,我们怎样才能知道**布朗诉教育委员会案**的确切主张是什么呢?该案承诺不要有任何类型的种族划分而不考虑划分的宗旨吗?该案承诺教育机会的平等及由此而得的种族混合学校吗,如果需要的话可以采取定额制(quotas)吗?我们怎样才能知道一种社会实践与另一种社会实践是相类似的。桑斯坦认为,性别歧视与种族歧视相类似,因而,除非国家准备强制男性给孩子捐肾,否则就不能强迫女性继续妊娠。然则,是什么告诉桑斯坦或者一名持"最低限度主义"的法官这种主张是错误的,即女性在生育过程中扮演着特殊的角色,而伴随这个角色的是特殊的义务?既然除了道德论证之外就没有什么能够负责任地解答这些问题,既然桑斯坦将最低限度主义解释为避免道德论证,那么,没有一个负责的法官能称得上是最低限度者。也许负责任的法官会**声称信奉**最低限度主义,但除非存在充分的理由(给予谁呢?)向公众表明,法官并非是以回避有争议的道德选择的方式来决定宪法问题。

当桑斯坦宣称"类似案件的意义可能无穷无尽"[42]时,他意识到类比推理中存在的道德判断。正是在这些可替代的解释当中进行选择,才能为某些人所谓的根据新的事实和理念在法律内的"道德进化"留有余地。至于类比推理是保守地还是批判地看待社会实践,桑斯坦称,这并不取决于方法本身,而取决于"在有争议的案件之上施加的原则"。[43]然而桑斯坦得出这样的结论,当法院可以利用类比推理推导出禁止堕胎是违宪的时候,法院应当避免充分展开(deployment)此种推理,而要尽可能窄地判断案件。考虑到桑斯坦在将种族与诸如性别等其他分类方式进行类比时赞成法院运用平等保护的高级原则,这种对类比使用的限制令人费解。

桑斯坦提出了一个适当范围平等理论(a theory of equality's proper scope)的反等级制原则[44],而德沃金运用的是平等关怀与尊重的原则。[45]与利用隐私权或自主权作为废止立法的宪法理由相比,这两个原则的"冒险性"一点也不会少。例如,我们可以看到,在**凯西案**的联合意见中,反等级原则同自主权原则都在发生作用。[46]在这里,妇女在国民政治经济生活当中的充分参与被援引作证明堕胎权正当性的一种善好目标,这比桑斯坦认为法官适宜宣告的内容要宽泛得多。桑斯坦运用此原则时会有所不同,原因在于他更倚重自己的民主观念,这个观念的争议性建立在他与德沃金的分歧之上,建立在他与司法保护基本权利传统的分歧之上,这种保护已有三个世纪。[47]如果桑斯坦要为其民主概念辩护,为其附加于民主概念的分量辩护,辩护的理由不只是他的任意偏好,那他就需要哲学上的论证。

桑斯坦利用合法性需求为其司法最低限度主义辩护——司法裁决迫切的道德冲突会剥夺民众就自身问题进行协商的权利。但是,如果你相信自己拥有政治立场、宗教信仰、配偶以及性表达模式的选择权,就不会接受桑斯坦直白的主张,这一主张称你的权利由于是个人反抗民众的权利,所以民众有权对你享有的权利范围进行协商。你的权利是对收集、制定、执行民众意志的机构的限制,亦即对政府的限制。如果桑斯坦要支撑自身关于民众有权就你的(明显的?)个人权利进行商议的主张,他就需要对权利的性质进行复杂的论证,而这当然会是一个哲学论证。

桑斯坦认为,宪法理论家和法官通过最低限度的一案一判,在宪法案件中可能避免进行哲学选择。虽然我们赞同这个判断,但我们无需赞同桑斯坦立场中的一个要素。他为司法最低限度主义辩护,部分原因在于他所谓的法院通常会出错,法院在解决道德冲突问题时,与普通公民和普通立法机构相比,缺乏使其更胜任此职的任何特殊品质。[48]桑斯坦信奉罗森伯格(Gerald Rosenberg)"空洞希望"(hollow hope)的论点,即法院通常不能有效地实现社会变革,即使法院力图保护宪法权利,但政治及社会上的抵制会削弱这些权利,使法院徒劳无功。[49]因此,考虑到相对于政治上民选官员的法院的机构能力(institutional capacities),司法最低限度主义是适宜的。桑斯坦这部分的立场涉及司法行为,我们承认这一立场在论辩中(arguendo)也许是正确的——在某些情况下是正确的。司法能动主义(回顾第二章),正如德沃金表明的那样,的确"假定道德原则特定的客观性"[50];但是道德客观性并非在所有的情形之下都意味着司法能动主义。[51]设想法院负有尽可能维护道德权利免受国家侵犯的义务,如果法院谨慎行事,步步为营,有时很可能会做得更好。这是一个因情况而异的策略问题,是一个司法谨慎及司法政治才能(statesmanship)的问题;而不是一个宪法含义为何或如何寻找这一含义的问题。

法院与立法机关相应机构能力的宪法理论存在两个相反的传统。一种解释认为,由于法院独立于政治,它不宜解释和保护遭民选官员侵犯的实质性宪法自由。桑斯坦为这一版本的观念提供辩护。另一种解释认为,由于法院独立于政治,罕见地让法院拥有承担此类责任的资格。德沃金为这一版的观念提供辩护。[52]我们不打算在此处解决这些传统之间长期存在的争论,因为我们各自已经在别的地方对这一问题表明了立场。⁵³我们当前关注的是宪法含义的解释方法问题,而不是事态向合宪化前行的策略问题——也许同这些战略问题一样无比重要。也许罗伯特·杰克逊大法官在国旗致敬第一案(宣布学校的孩子们需向国旗敬礼这一要求无效)中的系统阐述值得我们回顾,他对菲利克斯·法兰克福特大法官在"国旗致敬第一案"(支持这一要求)的意见作出回应:与其说法院依靠尊崇政治进程的"变迁"来维护宪法自由,毋宁称它们"不是基于(他们的)能力的权威性,而是依靠委托给(他们的)权力"⁵⁴来维护宪法自由。如果法院的职权是捍卫包括免遭民选官员侵犯的宪法,包括捍卫实质性自由,那么,若是在这场争论中法院站在桑斯坦一方反对德沃金的话,那么法院就放弃了自身的责任。然而,在这两种情形下,难道法官能避免将宪法与道德哲学结合在一起吗?

---

¹ 17 U. S. 316(1819).

² 83 U. S. 36(1872).

³ 163 U. S. 537(1896).

⁴ 参见 Michael S. Moore, "Precedent, Induction, and Ethical Generalization," in *Precedent in Law*, ed. Laurence Goldstein (Oxford: Oxford University Press, 1986): 183,186-87。

⁵ 347 U. S. 483(1954).

⁶ 339 U. S. 629(1950).

⁷ 无疑, 得出 Cumming v. Board of Education of Richmond,

175 U. S. 528(1899), Berea College v. Kentucky, 211 U. S. 45 (1908)判决结论并没有明显错误,而广泛的有形设施不平等模式都与普莱西案相一致。

[8] 347 U. S. at 494-95.

[9] 505 U. S. 833, 862-63 (1992).

[10] Cass R. Sunstein, *Legal Reasoning and Political Conflict*(New York: Oxford University Press, 1996) (以下称 Sunstein, *Legal Reasoning*); Cass R. Sunstein, *One Case at a Time: Judicial Minimalism on the Supreme Court*(Cambridge, MA: Harvard University Press, 1999) (以下称 Sunstein, *One Case at a Time*). 在本节,我们部分利用了其他著作中的分析: James E. Fleming, *Securing Constitutional Democracy: The Case of Autonomy*(Chicago: University of Chicago Press, 2006): 142, 160-67(以下称 Fleming, *Securing Constitutional Democracy*); James E. Fleming and Linda C. McClain, "In Search of a Substantive Republic," *Texas Law Review* 76(1997): 509, 514, 538-46; James E. Fleming, "The Incredible Shrinking Constitutional Theory: From the Partial Constitution to the Minimal Constitution," *Fordham Law Review* 75(2007): forthcoming。

[11] 参见例如 Sunstein, *Legal Reasoning*, *supra* note 10, at 7 [评论 Ronald Dworkin, "The Forum of Principle," *New York University Law Review* 56(1981): 469(以下称 Dworkin, "Forum"), reprinted in Ronald Dworkin, *A Matter of Principle*(Cambridge, MA: Harvard University Press, 1985): 33]。

[12] Cass R. Sunstein, "Second-Order Perfectionism," *Fordham Law Review* 75(2007): forthcoming, available at SSRN: http://ssrn.com/abstract = 948788, at 3.

[13] *Id.* at 5.

[14] *Id.* at 2-4.

[15] *Id.* at 4.

[16] *Id.* at 2.

[17] *Id.* at 2-3.

[18] 参见例如 Cass R. Sunstein, "Liberal Constitutionalism and Liberal Justice," *Texas Law Review* 72(1993): 305,312(主张与正当程序相比,依靠平等保护原则可以为司法判决提供一个更狭窄且更安全的基础)。

[19] Sunstein, *Legal Reasoning, supra* note 10, at 156.

[20] See *id.* at 155.

[21] *Id.* at 156.

[22] 410 U.S. 113(1973).

[23] 参见 Sunstein, *Legal Reasoning, supra* note 10, at 180-81; Cass R. Sunstein, *The Partial Constitution* (Cambridge, MA: Harvard University Press, 1993): 270-75,402 n. 17(以下称 Sunstein, Partial Constitution)。

[24] See Sunstein, *Legal Reasoning, supra* note 10, at 180.

[25] *Id.*

[26] 回顾一下我们在第五章中讨论过的 Michael Perry 对罗伊案采取类似的共识主义方法。

[27] 参见 Sunstein, Legal Reasoning,*supra* note 10, at 180-81。

[28] 517 U.S. 620,635(1996). Sunstein 在 Sunstein, *One Case at a Time*,*supra* note 10, at 137-62 中讨论了罗默案。

[29] Romer,517 U.S. at 634,635[quoting United States Department of Agriculture v. Moreno, 413 U.S.528,534(1973)].

[30] 参见 Sunstein, *One Case at a Time*, supra note 10, at 151, 156-67。

[31] 539 U. S. 558(2003)。

[32] Sunstein, "What Did *Lawrence* Hold? Of Autonomy, Desuetude, Sexuality, and Marriage," *Supreme Court Review*(2003): 27,30. 桑斯坦用最低限度主义分析劳伦斯案以及其他保护隐私权的案件,对桑斯坦的批评参见 Ronald Kahn, "*Why Lawrence v. Texas* Was Not Expected: A Critique of Pragmatic Legalist and Behavioral Explanations of Supreme Court Decision Making," in *The Future of Gay Rights in America*, ed. H. N. Hirsch (New York: Routledge, 2005): 229。

[33] Dworkin, "Forum", supra note 11。

[34] Dworkin, "Forum", supra note 11。

[35] 参见 Sunstein, *Legal Reasoning*, supra note 10, at 180-81。

[36] 比较 Mary Ann Glendon, *Abortion and Divorce in Western Law* (Cambridge, MA: Harvard University Press, 1987): 47, 47-50(主张一个"将堕胎管理基本上交由州立法机构的判决会激励双方的支持者进行创建性的活动")及 Laurence H. Tribe, Abortion: *The Clash of Absolutes*(New York: Norton, 1990): 49-51(称美国堕胎法的改革史与 Glendon 的主张背道而驰)。

[37] 478 U. S. 186,196(1986)。

[38] 539 U. S. at 573-74。

[39] *Romer*, 517 U. S. at 644。

[40] 参见 Sunstein, *One Case at a Time*, supra note 10, at 155-56。对桑斯坦沿着这些路线区分正当程序以及平等保护的批评,参见 Fleming, *Securing Constitutional Democracy*, supra note 10, at 56-59。

[41] 参见 Ronald Dworkin, *Sovereign Virtue: The Theory and Practice*

of Equality(Cambridge, MA: Harvard University Press, 2000): 49-50 (以下称 Dworkin, *Sovereign Virtue*);还可以参见 Ronald Dworkin, "The Arduous Virtue of Fidelity: Originalism, Scalia, Tribe, and Nerve," *Fordham Law Review* 65 (1996): 1249,1268(对罗默案未能推翻鲍尔斯案提出批评,并且对实用主义方法在这几个案件中进行区分提出批评,"当消极务实的美德让自身陷入名言警句并印在法律期刊的文章中时,生命并没有暂停")。

[42] Sunstein, *Legal Reasoning*, supra note 10, at 194.

[43] *Id.* at 95.

[44] Sunstein, *Partial Constitution*, supra note 23, at 139,270-85, 338-45.

[45] Ronald Dworkin, *Taking Rights Seriously* (Cambridge, MA: Harvard University Press, 1977): 180-83,272-78(以下称 Dworkin, *Taking Rights Seriously*); Dworkin, *Sovereign Virtue*, supra note 41, at 1-7.

[46] 505 U.S. 833(1992).

[47] 参见 Sotirios A. Barber, *The Constitution of Judicial Power* (Baltimore: Johns Hopkins University Press, 1993): 68-73.

[48] Sunstein, *Legal Reasoning*, supra note 10, at 177(指出法官面对的仅仅是系统性争议的冰山一角,他们从社会中提取的只是相对狭窄的片断,并且,对于道德评价,他们通常缺乏任何哲学训练与其他高人一等的独特基础。

[49] *Id.* at 176. 桑斯坦此处赞同罗森伯格在 Gerald N. Rosenberg, *The Hollow Hope: Can Courts Bring About Social Change?* (Chicago: University of Chicago Press, 1991)一书的主张。

[50] Dworkin, *Taking Rights Seriously*, supra note 45, at 138.

[51] 参见例如 Robert P. George, "Natural Law, the Constitution, and the Theory and Practice of Judicial Review," *Fordham Law Review* 69(2001): 2269。

[52] 参见例如 Dworkin, *Taking Rights Seriously*, *supra* note 45, at 131-49; Dworkin, "Forum," *supra* note 11, at 516-18。

[53] 参见 Barber, *supra* note 47, at 38-40,54-57,208-13; Fleming, *supra* note 10, at 61-74,167。

[54] West Virginia State Board of Education v. Barnette, 319 U.S. 624,638,640(1943)(杰克逊代表的多数意见), 推翻了 Minersville School District v. Gobitis, 310 U.S. 586(1940)(法兰克福特代表的多数意见)。

第十章
哲学进路

I . 再度聚焦哲学进路

让我们清理一下思路。平白话语的文本主义者及共识主义者的失败表明,在疑难案件中,问题不在于话语对我们而言意味着什么,而在于我们应当如何解释这些话语,使他们接近于真实的含义,或成为最佳解释。这种失败还要求产生一种将宪法与道德哲学结合在一起的哲学进路。然而(在第五章中),我们注意到对哲学进路的非议,即这种方法可能被认为是不民主、非美国化、危险以及/或徒劳的。所以我们重新开始对某种方法的探寻,在应当如何解释宪法这个问题上,该方法可以让我们避开各种争议。我们考查了原旨主义/意图主义、结构论、原则论以及最低限度主义等方法,但我们看到,这些方法在疑难案件中无一能让我们摆脱哲学反思与选择的重负及责任。这些考查将我们重新带回哲学进路。我们能摆脱哲学进路的重负及责任吗?因为我们尚未找到能够摆脱这些的道路,所以是时候探究哲学进路是否真的是不民主、非美国化、危险或徒劳的了。我们在考察这些问题时,先要弄清楚正确理解的哲学进路是什么,以及不是什么。

我们用粗略且通俗易懂的语言将哲学进路描述为:自主思考宪法条款看上去指的是什么内容——例如平等保护**本身**以及正当程序**本身**,而不是任何人关于平等保护和正当程序的特定观念。这种自主思考必须由一种自省的态度作为指引。诚实的解释者设法发现宪法的含义是什么;她不会试图用宪法做掩饰,将自身的看法强加给其他人。由于采取忠于法律的姿态,她意识到所有法律主体(subjects of law)的不守法倾向。她尝试凭借宪法去做正确的事情,而不一定是她的事情。她意识到自己的易错性(fallibility)。由于这些原因,她将宪法解释视为对宪法真相或宪法最佳理解的一种自省式探索,这为她设定了限制——这是宪法本身(终究还是由人类制定的文件)的限制——宪法明确宣称自身是正义、公共福利以及宪法序言列举其他善的工具,宪法解释只能意味着设法兑现这一声明。之所以称其哲学进路,原因在于哲学是自主思考的理想形态。

就过去宪法解释的大、小前提而言,在实践中,需要诚实的宪法解释者(在约两个世纪的美国宪法解释之后)拥有改变我们思想倾向(mind)的意愿。我们争取:(1) 对出现在法律推论大前提中的宪法条款,能有一个道德及/或科学上的合理解释,并且(2) 对出现在小前题中的世界(world),能有一个真实或合理的解释。让我们再次考察**普莱西诉弗格森案**[1]以及**布朗诉教育委员会案**[2](第六章与第九章中讨论)。从**普莱西案**到**布朗案**的改变,以及我们将要讨论的宪法解释的其他重要改变,表明哲学进路是起作用的。

普莱西案和**布朗案**对出现在大前提中的法律命题达成共识,大致意思是:**州不能以异常方式对黑人造成伤害**。**普莱西案**的小前提可以表达为:**隔离不会伤害黑人,就如同不会伤害白人一样**。而**布朗案**的小前提是:**隔离对黑人尤其有害**。所以,两个案件的结论不同:**普莱西案**称如果运输设施是平等的,隔离就是宪法允许的;而**布朗案**表明,即使有形的教育设施是平等的,隔离也违反宪法。

我们的问题是,哪个小前提代表对这个世界更加真实与合理的解释?这个问题本质上是一个科学问题。但这个问题之所以具有重大意义,是因为对一个更重要问题的假设答案,而这个更重要的问题至少部分是一个道德问题:宪法的目标是什么?在我们(一定程度上)可控的真实世界,宪法本应只是通过了解现实非全由我们创造来让我们追求自身的愿望吗?或者,宪法的目标是通过"创造"一个世界,迎合我们成为值得赞扬的人的意图,让我们的偏好(不论这些偏好是什么)合法化吗?这个问题反过来又以对这种问题的回答为先决条件:在我们认为的"世界"之外,有一个真实的世界存在吗?我们能接近这个世界(这些世界)的真相吗?我们如何得知自己越来越接近真相,或接近更佳的理解?

某种程度的宪法理论必须回答所有这些问题,即使这种回答是尝试性以及/或含蓄的。**布朗案**中联邦最高法院对宪法性质的假设,使法官们有正当理由关切一个问题,他们将这个问题看作是一个事实问题:平等的教育机会所必需的社会条件。因而,联邦最高法院探究隔离对黑人儿童造成怎样的实际影响。在判决这个案件的时候,联邦最高法院的回答也许是错误的,并且在今天也可能是错误的,就像任何人在复杂的事实问题上都可能犯错一样。但是,联邦最高法院在**布朗案**中的目标是如实地一窥现实,并且获得对这个世界的合理理解,在这个案件中就是州强制执行的隔离对黑人儿童生活机会的实际影响。尽管联邦最高法院在**普莱西案**中援引了"事物的本质"[3]这一观念,但它的目标则是异于对现实进行如实描述的某种东西。它试图重申种族主义者的传统与实践,重申黑人与白人不平等的生活方式。联邦最高法院在**普莱西案**关注的是异于真相的某种东西,最明显地表现是,它宣称路易斯安那州法律要求的火车车厢内的隔离并非有意暗示黑人低人一等。联邦最高法院写道:"我们认为,原告论据的错误在于硬说实行两个种族的隔离给黑种人打上了低劣的烙印。如果真是如此,这不是根据任何在法令中找到的理由,而完全是因为黑种人硬要这样来解释。"[4]当联邦最高法院这样说时,历史记录证实它是错误的,并且民众通常而言也知道它是错误的。在这里,我们只须记得约翰·马歇尔·哈兰在反对意见中的主张,他认为,众所周知,强制隔离的"真实含义"是:将"奴役的标志"及"劣等的标签"附加在黑种人身上。[5]那些对联邦最高法院的立场表示欢迎的人可能会这样做,因为这一立场为他们的种族信念提供了宪法合法性。这样做还由于他们想要为不幸的社会环境赋予宪法合法性,他们认为这种合法性超出了平民政府革除弊端

(remedy)的权力范围。正如联邦最高法院在**普莱西案**所指出来的:"法律是无力消除种族本能或废除以身体差异为基础的差别的,硬要这样做只会加重目前形势的困难。"⁶不管怎样,**普莱西案**持多数意见的法官在篡改现实;他们是在假定,**出于宪法目标**的隔离并不意味着种族低劣,即使每个人都了解这是一个社会科学的事实。[正如第九章表明的,我们分析的**布朗案**根据对事实变化了的理解,推翻了**普莱西案**的判决,我们的分析与**凯西案**(1992)中的联合意见存在相似之处。]⁷

现在,我们从法律推理的小前提(事实前提)转向大前提(法律命题),平等保护条款的历史提供了许多解释变更的实例。第十四修正案称任何州不得拒绝给予平等保护,19世纪的几个案件称这一条款仅仅适用于州政府,而不适用于全国政府。联邦最高法院在**布朗案**的相伴案件——1954年的**博林诉夏普案**⁸——改变了观点。联邦最高法院在**博林案**中发现平等保护的理念体现在第五修正案的正当程序条款内,可以适用于联邦政府。平等保护以及正当程序的保障都表达了沃伦首席大法官所谓的"美国人的公平梦想"。沃伦称,正是由于这个梦想,"同一宪法,会在联邦政府之上施加[比州的终止种族隔离的义务]更少的义务是不可思议的。⁹可能让联邦最高法院"不可思议"的,似乎是没有办法证明联邦政府违反"美国人的公平梦想"是有道理的。如果州的种族隔离违反了这一梦想,全国政府的种族隔离对这一梦想的违反怎么会更少一些呢?

在1883年的**佩斯诉阿拉巴马州案**[10]中,联邦最高法院采纳了平等保护条款的"平等适用"理论。根据这一理论,立法对不同种族之间通奸的惩罚要比族内通奸更加严厉,这并不是拒绝给予平等保护,因为对每一个跨种族的情侣所施加的惩罚是一样的。弗吉尼亚州根据**佩斯案**,为反对异族通婚的立法辩护。在1967年的**洛文诉弗吉尼亚案**中,联邦最高法院推翻了**佩斯案**的判决,并且撤销了这一立法。[11]在**洛文案**中,联邦最高法院抛弃了**佩斯案**"平等适用"的理论,它在一开始就宣称第十四修正案"清楚且核心的目标"在于:"剔除所有令人厌恶的种族歧视的州正式来源"。[12]为实现这一目标,联邦最高法院将所有包括种族分类的立法都视为在宪法上是"可疑的",并且需要"最严厉的审查",以决定它们是否符合"可允许的、与种族歧视无关的州目标"的需要。[13]联邦最高法院发现弗吉尼亚的保存"种族完整"或"白人至上"的目标不能通过这个审查。[14]由正当程序条款保护的婚姻自主的基本权利,为联邦最高法院提供了宣布弗吉尼亚法律无效的第二个理由。[15]州也许不能行使它的传统权力,即以一种限制跨种族夫妇基本自由的方式来规范婚姻。

在**屠宰场案**中,联邦最高法院宣称平等保护条款保护刚刚获得解放的非洲裔美国人。联邦最高法院的确写道:"我们十分怀疑,州的任何一种不以歧视方式反对作为一个等级的黑人,或不因其种族缘故而予以歧视的行为,可被认为是在这个条款的范围之内。"[16]。这就使妇女、宗教团体、同性恋、未出生的孩子及其他人都排除在这一条款的保护之外。

但是,由于促使采纳平等保护条款的确切原因是人们意识到黑人与白人具有相同的人性,所以**屠宰场案**关于该条款的限制性观点从一开始就无法立足。如果该原因证明平等保护条款是正当的,那么所有具有共同人性的人(所有种类的无辜者)都会根据这一条款提出权利要求。[17]联邦最高法院最终回应了这一原则,于是今天它在这一条款中为妇女、宗教团体、同性恋以及其他(尽管不是所有)种类的无辜者寻求保护。前述所有的思想变化,不论事实上还是法律上的变化,都是对哲学进路的说明。

Ⅱ. 哲学进路与著名哲学家的教诲

在哲学进路的参与者自发重新考虑往昔宪法解释的大、小前提时,人们期望他们能够自我反思。他们必须自我反思宪法文本、历史以及结构的最佳解释方式。他们必须批判地反思我们在争取让宪法尽可能成为最佳宪法的解释时的渴望。在这一过程中,他们很可能会发现自己受到古往今来伟大思想家的影响。毕竟,法官及其他对宪法含义问题有着深厚兴趣的人通常都是有教养的人,与伟大的思想家有着某种程度的接触——由于这些学者思想的说服力(persuasive quality),人们才对这些人了如指掌。但是,哲学进路的目标是与**意见**——任何人的意见,包括大哲学家的意见——相区别的**真相**(truth),或最佳理解。因而,真正哲学家式法官不会教条地运用任何大思想家的教诲。她发现自己从来不会说些诸如此类的话:"洛克称建立政府的目的是为了保护财产,而不是保护自然环境,所以环境管制在宪法上是可疑的",或"亚里士多德称胎儿在胎动之前没有灵魂,因此妇女在怀孕前三个月拥有堕胎权"。

想想这两个例子,你会发现他们代表着一种具体意图主义。[18]他们将特定哲学家置于制宪者的位置上,并且,在疑难案件中,他们力图从这些哲学家的定义与教益(applications)中推导出结论。如果这样理解哲学,相较于我们在第六章中批评过的具体意图主义,哲学进路也没有更多的辩护理由。根据过去哲学家运用的一般理念进行推理,会让我们禁锢(并非是双关语)在一个特定现实观之中,这反过来又迫使我们歪曲现实,如果联邦最高法院在**布朗案**中再次肯定**普莱西案**的判决,就会出现这样的情形。哲学家的定义也同样如此,就像其他任何人的定义一样:只是对被定义事物的解释(versions)而已,正因如此,根据关于这些事物的更好的理论,可以修正这些解释。并且,既然哲学家通常都宣称对真相感兴趣,而不是对包括他们自身的特定倾向的真相感兴趣,采纳一个特定哲学家的思维模式就会否认这一思维模式哲学方面的内容。作为自主思考的哲学家,一名采纳哲学家思维模式的法官会采纳让一个哲学家成为哲学家的思维模式:愿意在真相或最佳解释的自省式探索中自主思考。

Ⅲ. 哲学进路要求以哲学家取代法官吗？

这个问题的答案显然是否定的,并且有多重理由。首先,法官有一份工作要做,他们因为这一工作而取得报酬。法官为除自己之外的其他人工作,并且对这些人负责。他们的生活并不像柏拉图在《苏格拉底的申辩》中所描述的那样自由,这本书是对最纯粹形式哲学生活的经典解释。[19]再者,法官的工作包含忠于法律,而这种法律可以源自远非真实的(true)道德信念与科学实在(scientific reality),甚至远离合理估计的真实(truth)。以宪法第四条第二款的逃奴条款为例。大体而言,该条款要求将逃脱或逃亡的奴隶交还其主人。假如这个条款源于一个错误的正义观念,就哲学家本身而言,他不能否认该条款源于该观念;一名信守忠于法律(包括这个不正义的条款)承诺的法官,也许会否认该条款源于该观念,或无论如何都要实施这个条款。哲学家式法官的最佳做法,或许是赋予逃奴条款这样一种解释,既能接近于法官最佳的正义观,又可能得到该条款的认可,例如,在将据称是逃奴的人归还其主人的任何诉讼中,都要求有完善的正当程序,要求推定自由(a presumption of freedom)。[20]但是,即使这个条款的最佳解释,也会被迫尊重(honor)蕴含其中的错误正义观,因此,哲学家式法官仍然会参与到非正义之中。忠于法律的义务对于审判而言必不可少,但对于哲学则不是这样。其实,在有条件的地方,根据哲学家所触及的想象力、技能、洞察力以及勇气,哲学探究会远离法律与其他形式的社会习俗,就像苏格拉底在柏拉图的《理想国》中所证实的那样,他提议摧毁家庭,并提出离谱的妻儿团体方案。[21]

即使哲学家不能成为法官,也不意味着法官不能采纳哲学的方法与态度。服从法律并不排除用自我反省的态度思考语言限制下的法律最佳含义是什么,思考共同体将会接受的法律是什么。(**布朗案**十余年之后,**洛文案**推翻**佩斯案**的判决,即使一名哲学家式法官可能也会赞同这种谨慎的延迟。)[22] 法官当然不能在没有自主思考的情况下遵循美国宪法。这正是德沃金主张的观点,并且为我们本书的分析所证实。平白话语迫使法官自主思考,因为这些话语指的是正当程序本身以及平等保护本身的概念,而不是指关于正当程序及平等保护的任何特定观点。我们在疑难案件中看到共识主义于事无补,因为这类案件中并不存在共识。我们已经看到在疑难案件中原旨主义所能允许的全部观念(抽象原旨主义、原旨主义心理状态以及宽泛的原旨主义)都迫使法官自主思考。并且,我们看到宪法结构及古老的司法原则都不能让法官摆脱自主思考的义务。法官可以偷偷摸摸地自主思考,就像布莱克大法官在**格瑞斯沃德诉康涅狄格州案**中那样,为了他(有争议的)民主观念而将第九修正案理解成无足轻重的规定。[23] 或者他们可以堂而皇之地自主思考,就像布莱克在**布朗案**中加入到法院一致意见时所做的那样。因此,法官若要尽职尽责,就不能逃避哲学进路。

我们再度重申,哲学进路并不意味着法官或其他解释者在践行道德哲学与政治哲学时可以罔顾宪法秩序的约束。但它的确意味着法官在阐释我们宪法承诺(commitment)的含义时会作出哲学上的选择。这样做时,法官在为这些承诺的真实含义或最佳解释而努力。有些法学家和学者提出法官完全不能履行这一职责作为反对理由:根据哲学进路,法官必定是居于奥林匹斯山上的柏拉图式哲学家—法官。[24] 其实,哲学进路所有的要求就是让美国法官始终为自己作出的各种哲学选择负责。

Ⅳ. 对哲学进路的指责

当你在评估第五章提出的批评时——哲学进路是不民主、非美国化且危险的(我们在第十一章讨论实用主义,把批评哲学进路徒劳无功的内容放在这一章)——请考虑如下几个问题。纵观美国历史,宪法都涉及充满争议的哲学选择,对法官而言,他们在作出这类选择时毫无偏见且尽职尽责,这是不民主或非美国化吗?相信宪法提及"自由""正义"等诸如此类的事物是真实的,并且相信美国人能真正忙于寻求和尊崇这些事物,这是不民主或非美国化吗?

只有某些含义即应用(meaning-as-application)的方法——原则论以及一种形式的具体意向论——甚至可以声称将法官的自主思考减少到最低限度。宪法实施使法律命题与事实命题结合起来。强迫解释者要么伪造现实,要么宣称存在两种真实——一个是出于宪法用途的真实,另一个则是出于科学用途的真实——这两种真实可能互相冲突,对于像正义及国内安宁这类目标而言,这是最适合的解释方法吗?使宪制政府失去在宪法话语(constitutional discourse)之外处理现实生活的能力,这是更民主还是没那么民主呢?是更美国化还是不那么美国化呢?是更危险还是没那么危险呢?号称为了宪法用途而描述的世界能取代真实的世界,会更多还是更少地具有民主性、非美国化以及危险性呢?拒绝承认在我们意见的"世界"之上有一个"真实的世界",会更多还是更少地具有民主性、非美国化以及危险性呢?存在一些方法使我们的意见可以更接近于真相,或接近于更好的理解,即使我们永远不能弥合意见与真相之间的间隙,拒绝承认这一点,会更多还是更少地具有民主性、非美国化以及危险性呢?

身为作者,我们对这些问题拥有自己的答案。但是,我们提出这样的问题不仅仅出于修辞的目标。我们希望读者能坦诚面对这些问题。这样做的读者,会发现那些因为关注民主、美国精神及安全等价值而抨击哲学进路的人所面临的巨大难题。这些抨击哲学进路的人会迅速破坏激发他们积极性的价值。这本身并不足以确定哲学进路的可靠性。然而,它确实表明像民主、美国主义及安全等价值都不能前后一贯地充当抨击哲学进路的理由。[25]

V. 哲学进路与其他方法

哲学进路是文本主义方法的一种,尽管不是布莱克大法官所谓的平白话语的文本主义(批评见第五章)。由于哲学进路将文本描述为如表面呈现的那样:目标取向的制度规则方案、授权规则、权力与权利、常常通过提及一般的善及原则来表达。从表面而言,宪法不是详尽的行为准则,不是定义的列举或具体解释与实例的列举。布莱克大法官将文本主义理解为矫正哲学反思与选择的方法;恰恰相反,德沃金表明忠于这一特定的书面文本是如何让宪法与道德哲学的融合成为必须的。我们赞同德沃金的立场。

但是,我们赞成哲学进路的论证并没有将与其他方法相关的思考排除在外,正如我们在第四章中呼吁将哲学进路与其他方法结合起来所确认的那样。例如,哲学进路包括结构论,这既因为结构论是文本主义的一种(依靠文本所暗示的结构),也因为哲学家式法官懂得,道德与政治哲学问题必须要在阐释宪法结构中得到解答。这在阐释体现于宪法中的联邦制、分权性质以及民主自治政府形式等基本结构时显而易见。[26]当我们把宪法视为一个整体来决定其基本规范性质时,这一点显得格外清晰:究竟是要把宪法理解成政府有义务寻求积极效益的一个章程,例如国家安全以及公共福利,还是要把宪法理解成防备政府的消极自由章程。[27]

如果我们理解正确,哲学进路即使不等同于抽象原旨主义及心态原旨主义,也完全能与它们兼容。我们看到哲学进路能够包含宽泛的原旨主义,至少有些人如此描述宽泛原旨主义。哲学进路不仅明确反对共识主义及原则论的惯常理解,还反对余下的严格形式的原旨主义。正如通常理解的那样,这些立场的共同特征就是他们与哲学进路相对立:他们将某种形式的权威假定为道德真理的来源。例如,在严格的原旨主义者看来,正义与公平的真相存在于这些条款某个最初定义者或应用者的权威当中。共识主义者在舆论中发现这些条款的真相,而原则论者在法院以往的定义与应用当中发现这些条款的真相。这些立场都视权威为真相的来源,而哲学进路将真相或最佳解释与对它们认真尽责的探索视作权威的来源。这就是说,有充分的理由可以将共识与原则理解成真相及最佳解释的体现,而不用把他们视作真相及最佳解释的来源。如果这样,可以用一种与哲学进路兼容的方式求教于共识和原则。

VI. 对普通公民的暗示

哲学家式法官是秉持特定态度的法官:她本着公共精神与自省态度关注成文宪法之下的职责。宪法之下的好公民支持这类法官,并且支持生成这些法官的制度。

公共行为的事实中也许存在民众对法官期许的一些证据。民众允许法官自主思考,不会去剥夺他们作为法官的权力——即使批评者称法官无视法律或让法律变得毫无意义。

(呼吁剥夺法院听审特定权利主张的司法权,或呼吁弹劾运用宪法解释来保护特定权利的法官,通常都会失败,并且会遭遇到对司法独立的再次确认。)你也许会轻易地与米勒的批评者意见一致,即米勒在**屠宰场案**中忽视了特权与豁免条款,或使这一条款变得毫无意义。[28]你可以说布莱克大法官在**格瑞斯沃德案**中否认了第九修正案的作用,试图使它变得毫无意义。[29]在米勒和布莱克自身看来,如果做了批评者想让他们做的事情,这将是对其他宪法原则的蔑视,例如联邦制原则与民主原则。所以,无论米勒在**屠宰场案**中会怎么做,无论布莱克在**格瑞斯沃德案**中会怎么做,他们都会自主思考,得出批评者所谓的从根本上会引起反对的结论,而米勒和布莱克则会表明他们所认为的忠于法律是什么。

我们并不否认米勒和布莱克各自不忠于特权与豁免条款及第九修正案。我们要说的是他们对于更重要宪法原则的观点——以及忠于这些原则——也许让他们将某些特定的宪法原则视为谬误。[30]当然,美国法官可以公开宣称法律违宪以及先例错误,即使这些法律与先例深得人心,例如当**布朗案**发生的时候,公立学校种族隔离的法律以及像**普莱西案**这样的先例在南部的白人群体就深得人心。所以公众认可那些自主思考的法官对习俗造成损害——包括已确立的宪法规定以及长期存在的法律与先例等形式表现的习俗。因此,公众认可与哲学行为相类似的司法行为。

法官可以偷偷摸摸地自主决定——就像在**格瑞斯沃德案**,布莱克声称他的立场来自字面意思,而不是来自民主这样一个有争议的概念。或者,法官也可以堂而皇之地自主思考——正如联邦最高法院在**布朗案**中提出强制隔离对黑人儿童造成伤害的论点时所做的那样。从忠于法律的视角来看,哪一种方式更佳呢?

在**格瑞斯沃德案**中,当布莱克声称遵循字面意思时,其实是在声称他的正当程序观、"未列举的"权利观以及民主观是法律,而不是这些观点实际是什么;关于法律有争议且可能错误的观念。如果布莱克对法律而不是其法律理论更感兴趣,他会对两者之间的差别体察入微,而且他会找出一条解决的办法,这样提出他的观点:富有公益精神的辩论让我们更加接近宪法原则的真相及更佳的理解,事物(things)要接受这种辩论的判断。布莱克在**布朗案**加入到他身边那些伙伴的意见当中,经由法律,他做得更好。

正如我们看到的那样,**布朗案**的判决取决于一个简单的命题(由于让黑种人降至或维持在一个劣等民族的地位),隔离对黑种人造成了伤害。当联邦最高法院通过援引常识经验与科学证据来支撑这一命题时,它含蓄地提出了一个作为事实命题的关键命题。科学证据与常识经验都赞成这种说法,即隔离的真相并不取决于说话者信其为真,而取决于说话者打算描述的世界现状如何。如果说话者关于世界的信念是错误的,或如果世界发生了改变,那么他的描述就是错误的,或将是错误的。在**布朗案**中,当联邦最高法院估量与**普莱西案**事实命题相对照的 20 世纪 50 年代的世界时,它展示了这种理解真相的方式,并且发现自己是有缺点的。

　　我们可以将**布朗案**的论证总结如下:现有的最佳证据表明,就隔离对现代世界少数族裔儿童的影响而言,**普莱西案**的理解是错误的;隔离对这些儿童造成伤害。这一论证不仅含蓄地确认了其结论,并且确认了人们证实这一结论的方法,即不断用新的证据来检测旧的立场。这种方法有一天会推翻**布朗案**的事实命题,因为世界可能会再次发生改变。近些年来,一群教育家(包括黑人教育家)宣称,市中心学校种族隔离与性别隔离的特别教学方式能完善黑人男性的教育,而不会对白种人或黑人女性造成伤害。围绕这一主张的问题深奥复杂,但只要最佳的论证和证据支撑这个主张,**布朗案**就能够作为一种方法的代表,即需要调整判决(或至少是判决明显的含义)。**布朗案**方法论的启迪是联邦最高法院的原则(doctrines)不过是法律的理论,并非法律本身,而法律本身禁止那些以特定方式对少数群体造成实际伤害的做法。加入**布朗案**判决的法官并不是哲学家,但他们通过利用将原则与从属于真相的原则暗暗区分开来的方法,展现了哲学家的姿态。**布朗案**表明在实践中将宪法与道德哲学结合起来意味着什么。

　　当德沃金呼吁将宪法与道德哲学融合在一起时,他并不是在呼吁宪法妥协退让,而是要尽可能忠实地履行宪法的承诺。既然宪法用书面文字传递信息,除了别的内容之外,还提及了作者("我们人民")、收件人("我们自己和后代")、目标("正义""国内安宁")以及制度(行政权属于美利坚合众国总统），对忠于宪法本身而言哲学进路是必不可少的。哲学进路包含着对字面意思、意图以及结构的适度关注。要明白这一点，我们只须回顾一下曾论及过的内容：平等保护条款显然指的是平等保护——即平等保护本身。虽然对我们而言平等保护的要求并不显而易见，但我们希望能通过自我反思及尽职尽责地寻求现有的最佳论证和证据，加深对这一要求的意义与应用的认识。我们的宪法结构观念也同样如此，序言将这些结构描述为诸如"我们合众国人民"预期的"正义"等抽象目标的手段。对我们而言，这些目标的现实含义以及结构的手段非常不清晰，我们再次希望对这些问题的最佳论证和证据展开自我反思式的开放的探索，从而改进我们的观点。对原旨主义者而言，无论制定者与批准者是谁，都很难得出这样的结论，即这些人意指（intended or meant）的内容要少于获批文件提及的内容：正义、平等保护以及其他一些内容，而我们只有通过哲学的方法、态度以及选择才能探寻这些内容的实际含义。因为，如果我们称制定者与批准者会有意地遮遮掩掩——例如他们关于正义的具体观念，不论是否真的正义——我们就认为他们具有欺骗的本质，而这不是典型的原旨主义者想要做的事情。

---

[1] 163 U. S. 537 (1896).

[2] 347 U. S. 483 (1954).

[3] 163 U. S. at 544.

[4] *Id.* at 551.

⁵ *Id.* at 560(哈兰的反对意见).

⁶ *Id.* at 511.

⁷ 833, 862-64 (1992). 联邦法院在布朗案中强调了实际条件的变化以及社会建构过程的变化,对于像联邦最高法院这样引人注目推翻先例的有见地分析,参见 Ronald Kahn, "Social Constructions, Supreme Court Reversals, and American Political Development: *Lochner*, *Plessy*, *Bowers*, But Not *Roe*," in *The Supreme Court and American Political Development*, ed. Ronald Kahn and Ken I. Kersch (Lawrence: University Press of Kansas, 2006): 67。

⁸ 347 U.S. 497 (1954).

⁹ *Id.* at 500.

¹⁰ 106 U.S. 583 (1883).

¹¹ 388 U.S. 1 (1967).

¹² *Id.* at 10.

¹³ *Id.* at 11.

¹⁴ *Id.* at 7, 11.

¹⁵ *Id.* at 12.

¹⁶ 83 U.S. 36, 81 (1872).

¹⁷ 参见 Baker v. State, 170 Vt. 194, 228 (Vt. 1999)(基于同性恋夫妇的"共同人性",证明将共同利益的平等法律保护延伸至这些人之间亲密的人际关系是合理的);Goodridge v. Department of Public Health, 440 Mass. 309, 323 (Mass. 2003)(在撤销未将民事婚姻的权利、责任及利益延伸至同性恋夫妇的立法中,同样援引了"共同人性"这一概念)。

¹⁸ 因此,像 Robert Bork 及 Gary McDowell 这样的意图论者倾向

如此理解哲学进路就不足为奇了。参见 Robert H. Bork, *The Tempting of America* (New York: Free Press, 1990): 211; Gary McDowell, *The Constitution and Contemporary Constitutional Theory* (Cumberland, VA: Center for Judicial Studies, 1985): 23, 29。

[19] Plato, *Apology of Socrates*, 21c-23c, 30d-31e.

[20] 参见 Robert M. Cover, *Justice Accused: Antislavery and the Judicial Process* (New Haven, CT: Yale University Press, 1975): 201-25。

[21] Plato, *The Republic*, 457d-466d.

[22] 布朗案之后不久,联邦最高法院自身延迟宣告弗吉尼亚州禁止跨族通婚的立法无效。参见 Naim v. Naim, 197 Va. 734, 90 S. E. 2d (Va. 1955), *appeal dismissed*, 350 U. S. 985 (1956)。

[23] 381 U. S. 479,507-26 (1965)(布莱克的反对意见,在第五章中讨论过)。

[24] 参见 Learned Hand, *The Bill of Rights* (New York: Atheneum, 1974): 73 ("对我而言,被一群柏拉图式的护卫者统治是最令人厌恶的,即使我知道该如何遴选他们,我也绝不想那样被统治。"); Cass R. Sunstein, "Second-Order Perfectionism," *Fordham Law Review* 75 (2007): forthcoming, available at SSRN: http://ssrn.com/abstract=948788, at 3 (宣称法官没有能力作"第一序列至善论"或哲学进路所呼吁的判决,想像一个"骄傲地称为奥林匹斯山"的社会,在此处这种方法会"完全合适")。

[25] 另一种哲学进路的异议将焦点集中在分歧的道德概念之上。我们知道,法官及其他解释者在他们的第一序列判断里存在分歧的道德概念,例如什么样的概念是最好的(正如他们通常在法律概念

上产生分歧一样)。我们关注的是解释方法的第二序列问题。我们(真正)拥护宪法解释第二序列的一个主张,即宪法解释不能逃避哲学进路和选择。第二序列主张的任何标准,在第一序列的任何主张上都很难达成一致意见。宪法学家和宪法理论家错误地认为正确的解释方法应该能够消除第一序列宪法问题上的合理差异,例如胎儿是否为自然人[Roe v. Wade, 410 U. S. 113 (1973)],同性恋是否与异性恋一样拥有亲密交往的权利[Lawrence v. Texas, 539 U. S. 558 (2003)]。他们的错误还在于认为在宪法问题上达成共识始终是一件好事。我们的立场是,只有本着自省的进取精神,本着公共理性的精神来阐释互相冲突的概念,才能够接近一般概念的真理或一般概念的最佳理解。通过说明提出的种种问题,继而是证据规则,然后是主导辩论的精神,第二序列的理论能影响到第一序列的分歧。但是原旨主义者会接着争论麦迪逊指的是这个意思还是那个意思,而哲学进路的支持者会接着争论胎儿是否为自然人,以及对正当程序中"自由"最佳理解是什么。因而,我们否认一个成功的解释理论(第二序列理论)将要或应当终结由第一序列问题而产生的争论,就如同罗伊案及劳伦斯案所处理的问题那样。

[26] 参见第八章。

[27] 参见第三章。

[28] 参见例如屠宰场案自身的反对意见; Walter F. Murphy, "*Slaughter-House*, Civil Rights, and Limits on Constitutional Change," *American Journal of Jurisprudence* 32 (1987): 1, 2。

[29] 参见 John Hart Ely, *Democracy and Distrust* (Cambridge, MA: Harvard University Press, 1980): 34-41; Randy E. Barnett, "Introduction: James Madison's Ninth Amendment," in *The Rights Retained*

by the People: The History and Meaning of the Ninth Amendment, ed. Randy E. Barnett (Fairfax, VA: George Mason University Press, 1989): 1。

[30] 参见 Murphy, *supra* note 28, at 6, 9. 宪法解释中关于"错误"的一般性观念,参见 Ronald Dworkin, *Taking Rights Seriously* (Cambridge, MA: Harvard University Press, 1977): 118-23。

第十一章
实用主义

哲学进路究竟是不是不民主、非美国化或危险的？就第十章的这个问题而言，如果我们猜中了你们的尝试作答，对于指责将宪法与道德哲学相结合的提议，就只剩下最后一种了——由于道德哲学是一种徒劳的活动，这种融合将**徒劳无功**。这就是当代一些法律实用主义者的领军人物发出的核心指控。我们将实用主义放在最后讨论，因为与其说它是寻求避免哲学进路的一种宪法解释方法，不如说它是对宪法解释整体事业的挑战。

在讨论宪法问题时，使用"实用主义"一词的作者都同意它是一个"概括性术语"（umbrella term），包含不同的法律观。[1]在这里，我们的兴趣不涉及实用主义能够具有或已经具有的含义，不涉及这一术语的正确用法可能是什么。在这些观念中，或许首当其冲的是**法律工具主义**——通常，制定法律是为了服务于社会目标，并且应当以这种方式解释法律。[2]对于这个总体思路的一种理解即宪法就是宪法所说的内容：是正义、公共福利及国内安全这类目标的工具，且应当将宪法解释为促成这些目标的手段。就像工具主义者波斯纳承认的那样[3]，就像我们在讨论《联邦党人文集》及**马卡洛诉马里兰州案**首席大法官马歇尔的意见时所表明的那样，这种观念几乎没有新颖或革命性的东西。[4]泛泛讨论实用主义以及不同种类的法律工具主义是远远不够的,因此,我们的兴趣点主要集中在一些自称为实用主义者的人身上,看看他们就作为整体的宪法解释方法,就正当程序、平等保护、自由、财产、共同防卫以及公共福利等宪法表述,向哲学进路提出的挑战。我们所关注的实用主义信条是:对宪法含义或宪法最佳解释富有公益精神、自省、开放式的探索是徒劳的,因为并不存在所追求的宪法真实含义以及最佳解释。

许多学者提出宪法含义怀疑论的变体形式(variations),但其中自称是实用主义者的人相对罕见。人们不会把威廉·伦奎斯特及迈克尔·佩里视为实用主义者,但正如我们看到的那样,伦奎斯特的原旨主义以及佩里的共识主义对价值的怀疑都显而易见。[5]在当代宪法理论研究者中,没有人像波斯纳及斯坦利·费什那样带着彻底的理性及修辞学的天分来阐释价值怀疑论,并且他们坚决反对德沃金的宪法道德式解读,于是也会反对我们所谓的哲学进路。我们在最后一章将注意力集中于他们的特定主张之上,即哲学进路是徒劳的。

Ⅰ. 宪法解释的前提假设

如果我们理解正确,对解释者能就宪法说些什么,哲学进路主张宪法本身起着制约作用。为了理解宪法有能力对解释者构成制约,我们只须回顾一下到目前为止你应当熟知的论点。如果你接受忠于法律的义务,并且还假定"自由"

(词)指的是自由本身(物),那么你会假定(1)在你的自由观与自由本身之间存在差距;(2)你的自由观有可能错误;(3)根据法律,对自由本身负有义务,而不是对你的自由观负有义务;以及(4)存在向自由的真相或对自由的更佳理解前进的进步空间。

这四个假定结合在一起,要求有一种自省的态度,这种态度不允许用个人偏好或个人价值观来曲解宪法。这四个假设结合在一起,要求在关于法律含义与事实为何的相互竞争的论点及证据完全公之于众以前,都要悬置判断。否认这四个假定中的任何一个,就否认了它们结合在一起意味的内容:寻求合理法律解释的义务,而不是将法律用作强加他人意志之上的掩饰。因为在疑难案件中,哲学态度、方法及假定是遵守法律的构成部分,所以哲学进路的这四个假定构成对宪法解释者的内在法律制约。期望自由及平等保护这类概念拥有更好的理论并不与法律及法律制约冲突,因为如果缺乏这种期望,在疑难案件中就不存在对法官的法律制约。那样一来,制约法官的就只是法官对他们在政治上能否侥幸取得成功的估算了。

像平等保护的含义以及隔离对人是否造成伤害这样的问题,否认人们对真相以及更佳含义的渴求,就是否认在疑难案件中存在法律约束的可能性。对于平等保护以及自由这样的规范性概念,法律实用主义者嘲笑习俗之外的任何建议。(纯粹的实用主义甚至否认习俗之外的科学真理。)[6]这就是为什么波斯纳在演讲中曾以"与法治**相对的**实用主义"[7]为题来概括其立场。

我们把实用主义列入疑难案件探究宪法含义的方法之中。更为准确的是将其理解为宪法理论领域内的一种立场，而不是探究宪法含义的方法。由于实用主义否认宪法可能具有某些民众确信(some population believes)之外的含义,或者对实用主义者而言更为重要的是,否认宪法可能具有使得某些民众确信之外的含义——根据费什和波斯纳,无论通过什么修辞手段的作用而让民众确信。[8]这就是为什么我们把实用主义留待最后讨论的原因。其他方法努力让常识性的信念(common sense faith)适应法治的需求,即:(1)宪法能够具有某些含义;(2)宪法具有的含义是宪法解释的目标;(3)宪法提供了决定具体宪法解释正确与否的标准。我们所讨论的实用主义试图与这种常识信念彻底决裂。

当前的法律实用主义者部分或完全否认前述宪法解释的基本假设。他们否认在社会惯例之外的道德实在。他们主张社会惯例是政治权力(最根本的是物质力量)的创造物。[9]他们否认法律能制约解释者,甚至否认推理与逻辑能制约解释者。制约解释者的是他们对政治上能否侥幸取得成功的谨慎估算。因而就不存在对于解释者的法律或道德制约。[10]一个人便没有尽可能逃脱无论何种恣意惩罚(willful imposition)的真正理由了。按照实用主义的说法,"法治"是一个神话,而讨论法律(包括宪法)意义的恰当方法源自对含义和真实抱有幻想。这就是为什么实用主义被当成宪法解释方法之外的某种东西的原因。

Ⅱ. 实用主义者宣称揭穿法治神话

实用主义者揭示的所谓的"法治神话",是在挑战我们作为"人"的自我认知:在需要时,我们能够牺牲眼前似乎存在的利益,去做正确的事情。如果把这种自我形象当做无意义的事物或幻影而抛弃,我们就再也不能将自身视为渴求正义及公共福利之类共同目标的"我们人民"中一员了。在这种情况下,我们作为个体最多的渴求将会是正义及幸福,因为我们每个人都理解这些目标。宪法序言只不过是为我们接受的安排(arrangements)作粉饰之用,或为建立在无反思(thoughtless)的习惯、恐惧及自私自利而不是公共精神基础上的安排作粉饰之用。通常而言,宪法及政治生活中具有公益精神的声音会成为幻影——对于情感过于脆弱而无法面对人类真实境况的民众而言,需要有富于表现力的神话。

这种法律怀疑观通常与杰罗姆·弗兰克相联系,波斯纳将这位20世纪初期的法理学家看成当代实用主义的先驱而加以援引。[11]在这里我们会简要论述一个不同于弗兰克的观点。有人宣称我们宪法提及的正义及公共福利这样的理念,以及我们关注的这类理念的忠实解释或更佳解释,都证明无谓的幻想源自我们的不安与虚弱。我们首先想请读者想想这些人的动机,为什么一个人在为受过教育的一般读者创作的著作中,想要表达这样一种法律—道德生活的怀疑观呢?发布这样的观点有什么益处?

或许你会认为后一个问题的答案显而易见：揭开法律内部的神话以及与法律相关的神话，是讲真话的内在要求，而在大多数事情上说真话通常是不证自明的。本书作者同意说真话通常是一件好事。至少，我们发现学术事业的目标通常而言就是真理，当前的主题也包括在内。难道你们读者不拥有这样的权利吗，即假定我们这些作者要尽自己所能地书写我们相信接近真理的东西，或书写所考虑问题的最佳理解？如果拥有表明我们在某件事上是错误的论证和证据，难道不想让我们听你们把话说完吗？难道你不想让自己提出的相反论点与证据不仅仅被视为出于对我们立场的个人反感吗？如果你对于这些问题的回答是肯定的，正如我们打赌你会这样做的，那你就潜在同意了真理或客观性在某种意义上[12]是读者与作者之间约定的目标。但是，对于我们在此处讨论的实用主义者而言，在寻求及传达真理的价值上达成共识并不是一件简单不过的事。正如波斯纳曾经指出的那样，"对于实用主义者而言，真理是一个有问题的概念"。[13]如果波斯纳承认公开其立场并非由于能得到的最佳证据及论证赞成这一立场，而是由于与真理无关的某种方式有利于他，那么光是考虑波斯纳的观点都让我们感到困惑了，更不必说要接受它们。

同费什和波斯纳一样，弗兰克也论及法律神话。但显然弗兰克的动机不仅与司法行为的真相相关，而且还与正义及公共福利这类善的目标相关。弗兰克发表的文章具有法律改革者的公共精神。他论述法律神话，是想要揭穿一些坏法官的伪装,这些法官利用这一伪装逃避不公正判决的道德责任。[14]弗兰克的思想至少有部分内容与我们所谓的哲学进路完全一致,因为他对作为目标或人类终级愿望的正义感兴趣——这是不假思索的个人或集体偏好之外的某种东西。因而,弗兰克敦促法官不要再伪称判决只是从无争议的前提得出的"机械演绎"而已。他转而敦促法官在追求法律条款含义的真相(例如平等保护条款)以及在追寻条款适用的事实(例如隔离是否对人造成伤害)时,通过保持开放的心灵而尽力采取科学家的自省方式,即使这意味着"打破传统"。因而,弗兰克假定正义的真理以及所追寻的其他价值的真理是存在的,他与其他人都拥有追求这种真理的责任。[15]

波斯纳观点中呈现出的改革者姿态和弗兰克是一样的,但波斯纳竭力否定正义及其他道德价值的存在。[16]波斯纳怀疑的是**道德实在**(moral reality),而不是**与道德无关的实在**(non-moral reality)。[17]其实,对于如何最好地满足人们需求的经济理论,波斯纳承认它的科学客观性。他相信,凭借直面宪法解释的实际情况,法官可以自我摆脱关于宪法解释的神话,以一种不受干扰的方式处理法律,促进由科学(主要是经济学)揭示的人类幸福条件。波斯纳的实用主义因此达到一个实用主义者方案的顶点:使民众更加幸福的总体规划。因而,可以公正地将波斯纳的动机描述为(尽管他可能有不同的说法)为共同之善(common good)而进行法律改革,或至少是为公共福利而进行法律改革。

费什正确地观察到在波斯纳的改革方案与道德怀疑论

之间存在冲突。波斯纳扮演的改革者角色,并不能与其视为实用主义本质的内容相一致:拒绝相信能以科学精神追求是非真相。所期待的法律"改革"以对正与误的真相或更佳理解为先决条件,以某个人的意见靠近真相与更佳理解为先决条件。[18]否认真相的存在,否认我们改进真相观念的可能性,那么改革者关于制度的病理学及改革的议论所表达的不过是他或她的好恶而已。然而波斯纳认为他表达的内容超出了个人好恶;他敦促法官及更大的法律共同体采纳其关于法律和法律实践的观点,这些观念隐含在公共利益之中。[19]因此,对于声称要否定的道德真相,波斯纳又假设了其存在的可能性,在这样做的时候,他证明费什的判断是有道理的,即他并不是真正的实用主义者,而只是一名"近乎于实用主义者"。[20]

然而费什并没有全盘批评波斯纳的立场。因为费什在否定波斯纳立场的其他部分时,也接受波斯纳的部分立场,所以他称波斯纳为"近乎于实用主义者",而不是一名不折不扣的反实用主义者。费什否定了波斯纳立场中的讲求实效的(practical)或纲领性的(programmatic)部分——在这部分之中,波斯纳敦促法律共同体在实际行动中要符合他所说的法律性质与功能。费什有充分理由认为一名实用主义者在没有牺牲其道德真理的立场时,是不会有一个实践纲领(practical program)的。[21]所有这类纲领都假设:(1)对于作为一个整体的社会而言,存在何谓善及/或正确的真理;(2)目前,作为一个整体的社会,其实践尚未达到这一真理;(3)社会应当做得更好;且(由于"应当"暗含着"能够")(4)社会能够做得更好。所有这些命题集合起来,呈现出德沃金所谓的"道德原则的某种客观性"[22]——即,真理要么指客观的道德实在,要么指似乎客观的信念,因为在一个既定的社会中,与社会相互竞争的信念相比,这些信念在更深层面是无可争议的。[23]关于这种更深信念的一个实例就是"奴隶制是错误的"。在(我们之中)任何就怎样定义和适用"奴隶制"一词——例如,法律强制之下的非意愿妊娠是否为奴隶制的形式之一——进行辩论的两方,几乎都坚定地认为奴隶制是错误的。[24]

这些考察能让我们得出结论,即主张法律改革的人无一能够成功主张哲学进路的宪法解释是徒劳的。因此,一个**注重实践的**(practical)实用主义者(例如,那些与谈论这个社会如何掌管自身事务有某种关联的人)不能始终如一地反对哲学进路。这就把反对哲学进路的任务交给一个颇有矛盾的修辞语(oxymoronic figure):不实用的实用主义者——这种实用主义者主张他们关于法律和道德的理解对法律/道德生活产生不了实际作用。与"实用主义不改变任何事情"这一主张相关联的宪法理论,主要出自费什。正如他理解的那样,实用主义是纯理论或纯属解释性的,完全不具有实用性或规范性:"你绝对不能利用它来做任何事情。"[25]他认为实用主义者除**解释**法律及法律实践之外就无所作为了。[26]

费什的立场或许会诱使我们骤然终止当前的讨论,并宣告哲学进路的胜利。我们可以说注重实践的实用主义(波斯纳的实用主义)思想是不连贯的,而纯理论的实用主义(费什的实用主义)承认在实践中不起作用,如何处理政治实践中所谓的"宪法解释"的争论就终结了。我们可能会说,当实用主义带着最终的挑战进入这一论域时,哲学进路在这个领域仍岿然不动,哲学进路之所以能取得胜利,因为纯实用主义——唯一首尾一致的实用主义——首先承认自己没有理由进入这个争论领域。这个争论毕竟是关于如何探究宪法含义的争论,而如何探究宪法含义的问题,则是如何理解和处理一个社会的实践活动问题——我们应该如何做某些事情。纯实用主义认为实用主义者无法回答这类问题。[27]

III. 实用主义者宣称"不改变任何事情"及"解释"法律

然而,本书作者不能以此种方式了结这个争论。唉,因为当费什宣称纯理论实用主义让法律实践保持不变之时,他是错误的——纯理论实用主义让法律/道德生活保持原状,为的是满足社会责任的需要,例如使人们免遭动荡的人类境遇的打扰。[28] 即使纯理论实用主义的目标是解释法律/道德实践,我们也有理由怀疑实用主义能够做到这一点。

让我们来看看实用主义是如何罔顾自己的主张而改变事物的。费什捍卫的纯实用主义,主张像"公正""自由"以及"平等"这样的词汇,指涉的内容不外乎是我们(或我们的社会)的任意选择,而宪法解释者巧妙操纵这类术语,获得只是他们恰好喜欢的结果。[29] 如果是这样的话，忠于宪法就介乎于公开的欺诈与无用的幻觉之间。然而，欺诈和幻觉都不能获得成功，除非某些民众出于种种原因（如就职宣誓，或宪制政府的好处）相信宪法解释者应当是忠于宪法的。那些相信这一点的人，同时必定会相信宪法解释者能够忠于宪法，因为民众通常会拒绝相信宪法解释者不能做的事情是他们应当做的事情。那些认真考虑实用主义并开始相信忠于宪法实际上是无望之望（hopeless aspiration）的民众，再也不会相信宪法解释者能够忠于宪法。相信忠于宪法是无望之望，他们就会承认忠于宪法的义务并不存在。

然而，目前法律共同体中的许多人士及普通民众总体上似乎都承认宪法责任。这样，他们接受了一种信念，实用主义却认为这种信念是一个神话。如果他们把这个神话就当成神话来看待——例如，如果他们相信忠于法律完全是一个无用的幻觉——就会感到没有义务忠于宪法。他们可能会因此佯装倾听与他们主观偏好的结论相反的"论证"和"证据"（例如，关于隔离是否对人造成伤害），但最终他们会跟随直觉而行动（对其他人而言是适当的合理化），因为他们最终会相信，没有其他的路可走。所以，实用主义宣称一个人在不改变法律实践的情况下可以剔除其神话色彩，这种主张不能获得成功。除非实用主义是由寥寥数位开创者紧紧掌控的学说，而这些开创者又置身于政治共同体之外的某处——他们或许是一群哲学家，对宇宙问题有着强烈兴趣，这让他们没有动力散播关于世间事务的消极观念——只有在这个时候,实用主义才能让法律/道德实践保持不变。[我们在这里提醒读者第十章的两个论点:(1) 将宪法与道德哲学融合在一起并不意味着把我们的解释事务委托给哲学家;(2) 能迫使和诱使哲学家接受统治我们的任务,这是非常值得怀疑的。]

如果人们广泛认同实用主义对于法律和道德的解释,的确会对法律/道德的实践产生影响,所以,那些想拯救忠于宪法可能性的学者,除了直面实用主义"解释"(explain)法律的主张之外别无选择。当对这个主张进行解释时,我们相信它是错误的。我们把"解释法律"(explaining law)理解(interpret)成给出人们为何选择在法律之下生活的理由,并将这些理由提供给某人——社区、读者或听众。处于接受这些理由一端的人构成了普通公众,因为就我们所知,像费什和波斯纳这样的实用主义者,为对他们所写的内容感兴趣的所有人而出版作品。我们可以假定,正如费什和波斯纳在着手减少广为流传的法律神话时假定的那样,普通人构成的一般公众对实用主义要揭穿的假象抱有幻想。如果实用主义的法律解释要在目标受众——感兴趣的民众——中取得成功,就必须说明为什么实用主义所谓的法律神话会被民众接受,并视其为一个很有可能的故事(a likely story)——在当前的语境中,为什么民众会相信宪法保障"法律的平等保护",并且,尽管我们在这一术语的含义上意见纷纭,但该术语确实指代着某种东西,这种东西处于我们关于"该术语"的观念以及其他任何人关于"该术语"的观念之外。我们中那些接受宪法义务的人,负有以自省的进取精神来探寻这一含义的责任。[30]

我们心目中的解释不同于物理学解释,也不同与那些效法物理学的社会科学的解释。加热金属至白热化,金属就会熔化,如果普通人在漫长的时间内一再看到这种现象,当他们在火灾之后的废墟中看到扭曲的钢梁时,他们可以说(没有相反的证据)火的热量让钢梁扭曲。在任何一个既定场合,因建筑烧毁而扭曲横梁都可能是横梁扭曲的错误解释,但它是通常情况下的一个合理解释,因为发生的事情符合人们在金属加热时一再观察到的情形。

我们也许会简单以同样的方式来"解释"人类事件,即长时期观察同时发生的事件。例如,如果我们偶然注意到温和派共和党人在蓝月亮出现*的两周之内(一个月中的第二次满月)反复且压倒性地投票支持同保守共和党人竞选的民主党人,我们可能会说蓝月亮是造成温和派共和党人给民主党人投票的原因。然而,我们不应期望这种假定的解释能让民众停止讨论蓝月亮民主党人;因为它根本不是对人类行为通常理解的解释。它充其量只提出事件之间,或纯偶发事件之间纯属巧合的关联性。但是,纯粹的事件(从一种事态到另一种事态世界发生的改变)比被称作是"**人类活动**"(human actions)的特定事件要简单。后一种事件的确包括

---

* 蓝月亮指的是在一个月里出现第二次满月,这种现象是很少发生的,每隔32个月才出现一次。——译注

世界发生的改变,但他们还包括影响这些改变的意图,并且这些意图通常根据某些善之目标来进行理解。

亚里士多德在《尼各马可伦理学》开篇伊始就宣称:"每种技艺与研究,同样地,人的每种行动与选择,都被认为是以某种善为目的。"[31]仔细思考亚里士多德的立场:没有公然宣称(虽然没有否认)每种技艺、研究、选择**事实上以某种善为目的**;不如称他说的是每种行动**都被认为是以某种善为目的**。理解了这种有限、普遍的(ecumenical)方法,就很难拒绝亚里士多德的立场。作一个自我测试,试着否认这一命题。试着想象某人有意识地做某事(根本就是任何事情),而这个人不相信是为了她所认为的善而做此事。尝试这样做时,我们预计你会找出某种类型的无意识运动和/或不自主运动作为例证。例如,人们可能会说处于被催眠状态的人在催眠师的指令之下打开一扇窗户。或处于死亡威胁下的某个人可能会被控制做某些事情,例如射杀一个朋友,而在平常情况下这是她绝对不会做的事情。但是,在这些情况下,我们能够轻而易举地宣称幕后操纵者是真正的行为人,而将手放在窗框或板机上的人不过是其他人意图的工具而已。我们可以说,在任何情况下要明确称某人做了 X 事,我们必须要看到她出于两个理由对世界产生了影响:(1) 因为她希望这么做,并且(2) 因为她认为这么做会让情况得到好转。当室内闷热而外面更凉爽时,打开窗户就会让情况得到好转;当你的选项是死于军事入侵,接受奴役可以被认为是前景的改善。这些行动,以及所有其他行动,都可以解释为行动者尝试改变现状,或事情朝着更好的可能性转变。

在日常会话中,我们称某人做某事的理由为"为了某某",并且我们一般将这个理由视作行为原因——该事物促使(moves)她行动,或该事物激起(motivates)了这一行动。如果我们描述某行为,希望给该行为一个合理解释,必须要将行为人的身体活动与某个结果联系起来,而我们读者能将这一结果理解成行为人所认定的善。在某种内外温差的条件下,(对我们以及行动者而言,我们将行动者称为"她")开窗是合乎情理的。即便某些我们不常做的事情,例如接受奴役,在选项更坏或我们能够理解某些人是如何认为选项更坏的情况下,也是合乎情理的。这并不意味着所有读者在这一情境下会做同样的事(如果受到奴役,我们中那些帕特里克·亨利*似的人物会死得更快)。这只意味着我们的读者能够理解某人是如何认为行动的结果是善的。如果行为者的理由完全超出我们能理解的与待解释的改变相关联的善,该行为就超出了我们的解释能力。这就是为什么仅凭蓝月亮的出现通常不能解释投票行为的原因。我们不知道蓝月亮和为投票提供常见理由的善或明显的善之间有任何关联。尽管有可能存在关联——蓝月亮也许是上帝就如何投票给出的征兆——但目前我们看不到有任何关联。

---

* 帕特里克·亨利(Patrick Henry, 1736—1799),美国独立战争时期的自由主义者,杰出的演说家和政治家。1775 年 3 月 23 日,他在议会上发表《不自由,毋宁死》的演讲。——译注

那么,我们普遍具有接受实用主义所谓的法律神话及道德神话的倾向,人们对此该作何"解释"呢?答案在于,就实用主义者及非实用主义者来说都一样,善或价值与法治存在广泛的联系。人们通常称赞法治给了民众某种可预测感及安全感(尽管也许错误)。[32]如果一个国家由适用于所有人的法律统治,包括制定它们的立法者,如果法官忠实适用法律,那么民众就有希望预测自身行为的后果,并让自己摆脱了掌权者的恣意统治,这通常就代表了法治。法律因此让人们有了掌控自己生活的感觉,而人们普遍认为这是一件好事情;事实上,普布利乌斯在《联邦党人文集》第1篇中认为这可能是最好的事情。[33]

由于法律规则(遵循演绎推理)预定了判决结果,因此法官在疑难案件中对判决结果不承担个人责任,弗兰克对这种观念嗤之以鼻。[34]这种观念是"法律形式主义"或"机械法学"的神话。我们知道,宪法疑难案件的判决远不是一个演绎逻辑的形式问题。只有在大、小前提已经形成并且各归其位时才能开始演绎推理,而形成并安置这些前提并不只是逻辑问题。我们知道,诸如平等保护条款及正当程序条款(在大前提中)引发了一系列不兼容的概念。并且我们知道这些条款适用的社会事实(在小前提中)可以用不相同、不兼容的方式来描述。虽然弗兰克坚决否认司法判决模式能像通常认为的那样稳定,但是对于人们之所以相信对立面,他的解释是因为人们希望如此。他们之所以愿意相信稳定的判决模式,因为他们认为这种模式可以提升自身筹划未来的能力,这种能力对感到在一定程度上掌控自己的生活而言是关键的。[35]弗兰克与我们的解释如出一辙,因为即便我们中的冒险家都了解到,许多人认为通过控制而得到的安全是可取的,我们大家都能理解机械判决的神话如何让我们能够对未来做出规划,相信在未来类似事实的案件会得到同过去相类似的结果。我们接受这一神话,是因为我们愿意相信它:如果它是真的,好的东西会从中而来。

　　按照这种理解,**解释行为是一种社会实践,它的前提条件是对何谓善具有共识的社会**。弗兰克可以向其读者解释为什么机械审判的神话具有吸引力,因为他与这些读者一样,也相信某些事物是客观的善(就弗兰克而言,就是传达真相与面对人类真实的境况),并且,他还与读者共同分享一种信念,即通过控制而得到的安全真是一件美好的事情。既然弗兰克力图告知的"我们"是整个世界,他就同普布利乌斯一样,假定通过控制而得到的安全就其本身而言是人类的一种愿望——或是一种真正的善,或大家普遍认为是善的某种事物。

　　因此,实用主义者在解释我们的法律实践与法律信念时会遇到一个困难;他否认任何社会都具有何谓善的共同信念,亦即,(1)存在关于善的真理;(2)存在真正的善;(3)我们同真正善的知识与享有(enjoyment)离得越近越好。如果不预先假定对什么是善存在真正的信念及最佳的理解,我们就不能拥有什么是善的信念。如果没有什么是善的共同信念——于是在某种意义上就不可能有真正的善以及善的目标[36]——我们就不能理解特定类别的人事（human event）行动了，更不用说来解释这种行动了。由于行动是为了某种善而产生的世界变化，由于每当存在相应的行动时，一定会提出某事物在某些方面是善的这样一个信念，还由于什么是善的这样一个信念，必须以一些事物是真正的善为前提条件，所以，人类行动的可能性，正如我们知道的那样，取决于真实之善或客观之善的可能性。

　　实用主义者会认为我们所说的任何内容不足以对他们的立场构成有效批评。他们也许会说，我们的所有批评都意味着实用主义难以被人接受——或者说，对于我们以及普通读者而言难以被人接受。但是，易于接受也许不是什么好的真理检测标准，而实用主义者已然知道他们的立场难以被人接受。其实，他们所持立场的生硬特征有助于解释其魅力所在。我们知道，令人难以接受在很大程度上是由大众意见及我们喜闻乐见的自我形象决定的。令人难以接受的内容与大众意见及我们喜欢的自我形象背道而驰。我们需要法治，因为法治令我们愉悦且舒适。法治源自让大多数人喜欢的这个观念，即没有太出类拔萃的人，以致他可以在毋须他人同意的情况下就能够公正地统治这些人。并且，法治使我们免于接受人治，在人治的情况下，一群人将法律用于他人，却不用于自身。攻击忠于法律的可能性即攻击法治，而攻击法治就是对我们民主信念的破坏，是在与民主之外的备选意见（consideration）暗通款曲。没有一个明智的人能够立即弃而不理这个诱惑，因为现代生活的问题（全球变暖、恐怖主义、阶级与教派分裂加剧等)超出民众政府的能力所及。[37]在需要的情况下,如果宪法任由民众处在不能改革政治制度(regime)的状态,那么它在促进公共福利方面就是失职的。[38]没有充分的理由相信大众意见及我们喜闻乐见的标准能够满足我们的需求。我们重视,或者我们应当重视其思想难以被接受的思想家,因为我们认识到,或者我们应当认识到自身的易错性。

然而,只有假定我们可能弄错的真相存在时,易错性这一概念才能言之成理。因此,为实用主义是一种矫正知识自满的方法而辩护,并不意味着欣然接受实用主义者。这种为实用主义的辩护,我们重视的是它的怀疑主义,重视的是它的怀疑主义在以更好的意见来替代意见的过程中,在理想情况下,在以真理替代意见的过程中所扮演的角色。正如费什意识到的那样,任何对实用主义的辩护——任何为重视实用主义而提交的理由——都是实用主义自身在反对实用主义,因为它依赖诸如可能性以及真理价值之类的假定,而这些是纯实用主义试图否定的内容。[39]

Ⅳ. 宪法的工具主义解读与哲学进路

我们通过细述本章开头提出的论点来完结此章。"实用主义"是一个宽泛的术语,而且实用主义与其他立场之间

185 的界线不易确定。波斯纳提议,法律实用主义的主要特征在于它的工具主义,以及法官在面对如何行动、如何决定案件时的结果导向观。在本书中,我们拒绝接受当前的法律实用主义,只是因为其领军人物对宪法含义表示怀疑,对法官的责任表示怀疑,对其他解释者通过自我反思过程来追寻这种含义表示怀疑,哲学进路是这种过程的最佳代表。我们并不拒绝接受作为工具主义的实用主义,因为工具主义与通往宪法含义的哲学进路之间无比契合。我们已经注意到宪法序言及《联邦党人文集》的论证是如何赞同宪法的工具主义解读的。[40]我们注意到马歇尔(在**马卡洛案**中)是如何对与州特权相对的国会权力进行工具主义解读的。[41]亚伯拉罕·林肯将"负责使法律得到切实执行"条款解读成为他维护联邦的权力提供便利。[42]对于宪法这些以及无数其他的工具主义解释完全不否认(1)宪法意味着某些内容,这些内容独立于解释者或许想让它所具有的含义;(2)在具体的情况下,反思与辩论的过程有望接近于这种含义;(3)忠于宪法的义务就是真诚地反思与辩论;以及(4)解释者接受这个义务且据此行动在心理学上是可能的。

如果宪法本身就是解释者力图促成的结果之源,宪法含义的结果导向方法也许与忠于宪法是一致的。我们没有理由否认这一种可能性。我们没有理由否认维护联盟是一个符合宪法的目标,没有理由否认林肯能够合法地将这一目标理解为自身的权力,不会危及他面对宪法宣誓过的责任。当马歇尔推断国会有权批准设立国家银行时,我们没有理由否认他的行为真心诚意且忠于宪法;这些以及其他宪法解读的争议性就自身而言并不足以否认这些解读的创作者是忠于宪法的,更佳的解读已经获得也并非事实。因为,如果宪法本身为正义、联盟以及公共福利等此类目标的寻求设立了机制,那么宪法本身就认可这些目标引发的争议。宪法并不认可自身以外的其他某种权威作为替代品,例如偏爱任性且教条的法官。弗兰克认定这些法官是这样一些人,通过佯装机械表达了其他权威(比如传统或原初意图)的明确意愿而逃避个人责任。[43]弗兰克是对的,这些法官不忠于实际写就的且在道德上站得住脚的宪法。哲学进路则是忠实的。

---

[1] Steven D. Smith, "The Pursuit of Pragmatism," *Yale Law Journal* 100(1990): 409, 409-11; Richard A. Posner, "What Has Pragmatism to Offer Law?," *Southern California Law Review* 63(1990): 1653, 1653-54.

[2] Posner, *supra* note 1, at 1656-57.

[3] *Id.* at 1657.

[4] 第三章、第八章。

[5] 第二章、第五章。正如第五章脚注 7 表明的,相较于我们在那里考查的著作,佩里以后的著作对价值的怀疑也许要少一些。

[6] Stanley Fish, "Almost Pragmatism: Richard Posner's Jurisprudence," *University of Chicago Law Review* 57(1990): 1447, 1448-49(以下称 Fish, "Almost Pragmatism")[是 Richard A. Posner, *The Problems of Jurisprudence*(Cambridge, MA: Harvard University Press,

1990）一书的书评］（以下称 Posner, *The Problems of Jurisprudence*）.

[7] Richard A. Posner, "Pragmatism versus the Rule of Law," American Enterprise Institute, Bradley Lecture, January 7, 1991（黑体字后加）.

[8] 参见 Fish, "Almost Pragmatism," supra note 6, at 1450-51。

[9] *Id.* at 1452.

[10] *Id.* at 1449-50.

[11] Posner, supra note 1, at 1654.

[12] 参见 Ronald Dworkin, *Taking Rights Seriously*（Cambridge, MA：Harvard University Press, 1977）：138（在第二章中讨论）。

[13] Posner, supra note 1, at 1655.

[14] Jerome Frank, *Law and the Modern Mind*（Garden City, NY：Anchor, 6th printing, 1963）：139-48, 172-82.

[15] *Id.* at xx-xxi, 172-73.

[16] 参见例如 Posner, supra note 1, at 1655-56; Posner, *The Problems of Jurisprudence*, supra note 6, at 459-60; Richard A. Posner, *The Problematics of Moral and Legal Theory*（Cambridge, MA：Harvard University Press, 1999）：3-90（以下称 Posner, *The Problematics of Moral and Legal Theory*）。

[17] 波斯纳在其论著中充满激情地表达了这个理念, *The Problematics of Moral and Legal Theory*, supra note 16。

[18] Fish, "Almost Pragmatism," supra note 6, at 1457-59.

[19] Posner, *The Problems of Jurisprudence*, supra note 6, at 122-23.

[20] Fish, "Almost Pragmatism," supra note 6.

[21] *Id.* at 1456-61.

[22] Dworkin, supra note 12, at 138.

[23] 正如第一章表明的,我们在本书中所持的立场是在道德现实主义与道德建构主义(或深传统主义)之间的不可知论。

[24] 参见例如 Andrew Koppelman, "Forced Labor: A Thirteenth Amendment Defense of Abortion," *Northwestern University Law Review* 84 (1990): 480。

[25] Fish, "Almost Pragmatism," *supra* note 6, at 1464.

[26] *Id.* at 1464-66.

[27] *Id.* at 1462-63, 1464-66.

[28] 参见 *id.* at 1462-63。

[29] 参见 *id.* at 1449-53。

[30] 第二章。

[31] Aristotle, *The Nicomachean Ethics*, in The Basic Works of Aristotle, ed. Richard McKeon (New York: Random House, 1941): 935, 935。(中译本参见〔古希腊〕亚里士多德:《尼各马可伦理学》,廖申白译注,商务印书馆 2003 年版,第 3 页。译文有改动。——译注)

[32] 参见 Fish, "Almost Pragmatism," *supra* note 6, at 1462-63。

[33] *The Federalist*, ed. Jacob E. Cooke (Middletown, CT: Wesleyan University Press, 1961), No. 1.

[34] 参见 Frank, *supra* note 14, at 127-58。

[35] 参见 *id.* at 3-23。

[36] 参见 Dworkin, *supra* note 12, at 138。

[37] 参见 Walter F. Murphy, *Constitutional Democracy: Creating and Maintaining a Just Political Order* (Baltimore: Johns Hopkins University Press, 2007): 68-107。

[38] 参见 Sotirios A. Barber, *Welfare and the Constitution* (Princeton, NJ: Princeton University Press, 2003): 153-55。

[39] 参见 Fish, "Almost Pragmatism," *supra* note 6, at 1474-75。

[40] 第三章及第四章。

[41] 第八章。

[42] 参见 Abraham Lincoln, "Message to Congress in Special Session, July 4, 1861," in *Abraham Lincoln: His Speeches and Writings*, ed. Roy P. Basler (New York: World Publishing Co., 1946): 594, 600-01。

[43] 参见 Frank, *supra* note 14, at xxii-xxiii, 139-48。

结　语
宪法解释方法的合流

罗纳德·德沃金指出,忠实地解释成文宪法要求宪法与道德哲学相结合。[1]我们完全响应这一号召,捍卫宪法解释的哲学进路。在本书中,我们系统地介绍了相互竞争的各种解释方法——文本主义、共识主义、原旨主义/意图主义、结构论、原则论、最低限度主义以及实用主义——它们都想要回避哲学选择并且也毫不讳言这一意图。但我们想要证明的是,与这样的主张和自负恰恰相反,任何一种负责任的宪法解释方法都绕不开哲学反思及选择。

与此同时,我们也反对那些试图把宪法解释交还给哲学家,或者将宪法解释与道德哲学、宪法问题与道德哲学问题混为一谈的企图。对宪法含义的哲学解读寻求的是最充分地利用这一法律文件,而这一法律文件是由那些非哲学家出身的人为满足他们自身的需要制定出来的。制宪者明白他们的需要,制宪者的后代也会继续理解这些需要。找到宪法的含义,就是要找到宪法**对于这些人以及制定时的总体目标**而言到底意味着什么。由此,宪法解释作为一种活动,需要由非哲学家出身的人负责。而如果是哲学家就不能接受这些限制,因为在某个时刻,这些限制或许(不可避免地)会击溃对于事实的系统性的以及自我批判的拷问,或者击溃如我们所理解的哲学活动的各种考虑。因此,我们赞同那种扎根于政治实践或者知晓政治现实的限制所在的态度,我们也认为这样一种(哲学)态度正是(宪法解释)活动的必然要求。

如果用宪法解释的"方法论"术语来表达,我们想说,宪法解释的准确性要求哲学进路与其他方法的结合——这一点,应该不难理解。只有借助于多种方法的结合,我们才能够明白,文本、共识、原意、结构以及原则并不是非此即彼、相互排斥的,所有这些其实都是对达致宪法最佳理解的哲学反思与筛选。

在第四章,我们曾提醒读者要小心"路径假想"。路径假想认为,在你了解某事物的重要特征之前,你必须得选取某条路径。隐含在路径假设背后的前提是,每一个事物的认知者必然会处于某一特定的时间和空间,并且受到混杂的现实需要以及他本人独有的种种前见的驱使。他(认为他)对该事物能了解到的东西,受制于驱使他对该事物所产生的兴趣的那些因素。我们在第四章曾经说过,如果路径假想理论为真,那么,宪法自身是提供不了从众多相互竞争的解释路径中选择其一的标准的。不仅如此,如果我们假定不同人对于宪法含义感兴趣是基于不同且相互不能妥协的理由——换言之,他们服从于各自不可化约的不同甚至从根本上不可调和的愿景或者价值观,那么,所有这些从宪法表面"浮现出来"的解释都将是各个党派在宪法问题上的立场。当然,就算路径假想理论可能是真的,那也不意味着我们该不经论证就接受它。因为,如果所有包括宪法在内的知识都是党派之见的话,那么,关于知识的知识又会有何不同?什么才能把路径假想从人类认知的不可避免的定见和党派立场中拯救出来?路径假设自身如何才能避免沦为关于事物本质的自说自话?

在第四章中,我们也提醒读者切勿以为存在某种排斥其他所有方法的唯一正确的解释路径。然而,虽然如此,我们还是力图为哲学进路辩护。尽管这一路径揭示的只是宪法的一种内涵,而非通向宪法的独木桥。并且,这条路径的奇特之处在于,它能够将各种解释方式兼容互通;或者说,这条路径要求各种解释方法的相互融合。我们赞同德沃金的观点,成文宪法支持每个人本着自我批判的精神寻求宪法的真相或最佳解释。这种真相包括(1)宪法条文的真实含义或最佳解释,(2)如果将宪法视为实现其目的的有效工具的话,宪法条文所适用于的这个世界的真面目或者最佳理解。

如此一来,我们为之辩护的哲学进路必然会是某种文本主义,但它不是布莱克大法官力倡的那种字面文本主义。他认为制定成文宪法的根本用意就在于将宪法含义和适用可能出现的分歧最小化。这可能击中了部分宪法条文的要害,但我们不认为这是全部宪法条文、尤其是那些可能最重要的条文的核心问题所在。作为成文法的宪法需要哲学讨论,因为唯有通过这样的讨论,我们才能最大限度地理解那些通向终极之善(正义、自由等)的知

190

识,而那些偷换成次好的观念(比如关于正义、自由的某些具体理念)和宪法实际所言是矛盾的,并且会削弱宪法的道德权威。德沃金就曾举过这样的例子(不妨回想一下本书第二章,他在思想实验中提到过的父亲),一个自负又专断的父亲对于自己的一贯正确深信不疑,那么他给子女提出的种种忠告能高于他自身的水平吗?作为一种文本主义,哲学进路关注的是承认和阐释文本所提供的隐含在政府结构和过程中的结构性规范。哲学结构论与结构论的主要区别在于:一方面,结构论将自身看成要么削弱要么限制法官道德责任的方法;另一方面,哲学结构论认识到结构和过程并不是目的本身,而毋宁是增进对目的理解的知识工具,以及建成立宪政府的手段。

哲学进路也是某种意图主义或者原旨主义,但不是罗伯特·博克和威廉·伦奎斯特所倡导的那种意图主义或原旨主义。两位学者坚持道德怀疑论,拒绝承认诸如正义理念的正确性,将规范性术语的含义简化为他们的历史定义、适用及个案。与他们这种**特定**原意主义和原旨主义相反,**抽象**原意主义和原旨主义选取的是宪法文本中的词语,以及制宪者们在辩论中体现公共精神的语句。尽管伦奎斯特和博克在**斯科特诉桑福德案**中持批评态度,但他们的意图主义和原意主义的标签和坦尼大法官的站队并无二致(参见第二章)。

甚至,哲学进路还可被视为是一种共识主义,只要这种共识主义承认哪怕最广泛、最一致的社会共识也可能犯错。

就像德沃金在 25 年前批评亚历山大·比克尔的宪法理论时告诫的那样，如果一个社会关于"正义"的共识就是"正义"所能指的全部含义，那么我们就没法说还有什么社会共识是不义的或者违宪的了。[2]如果此论断为真，那么，希特勒对于所有思想观点的绝对控制就可以把大屠杀说成是实现公正和高贵秩序的必要步骤了。我们大可认为，在一个积极培养个人品格和能力、鼓励观点多元化的社会里，某一社会共识越有活力，则越能接近于真理及最佳理解。但如果这个社会能承认其自身的不完美，那么，它就不会热衷于把所谓共识当成弹压批评的"消音器"。在这样的社会里，反对同性恋和堕胎的大众呼声不能限制个人的自主性，因为没有强有力的理由说服同性恋者和女性这是在尊重他们的人格及平等，也没有理由使他们同意这是符合公共之善的。不妨回顾一下第五章，联邦最高法院在**计划生育诊所诉凯西案**和**劳伦斯诉得克萨斯州案**中的判决意见，似乎显示了支持堕胎和同性恋协会的共识主义宪法解释方法，在这一点上，它与哲学进路是吻合的。

最后，我们来看看哲学进路如何接纳实用主义的观点——唯一不能接受的是实用主义者认为忠于法律只是一个神话的观点。然而，哲学进路的一个显著标志就是承认个体可能犯错，因而我们在寻求正义或者其他宪法理想的真相或者最佳理解时，应当始终抱持一种自我批判的精神。宪法的哲学解释者必须能接受她自身的错误，正确的做法是为实用主义者留出空间,将其视为最激进的批判者,因是之故,亦堪称最有价值的朋友。

---

[1] Ronald Dworkin, *Taking Rights Seriously* (Cambridge, MA: Harvard University Press, 1977): 149.

[2] *Id.* at 144-47.